역의 향기 종합편

명확하고 입체적인 통변

역의 향기 종합편

발행일   2024년 6월 10일

지은이   정숙정
펴낸이   손형국
펴낸곳   (주)북랩
편집인   선일영   편집   김은수, 배진용, 김현아, 김다빈, 김부경
디자인   이현수, 김민하, 임진형, 안유경, 최성경   제작   박기성, 구성우, 이창영, 배상진
마케팅   김회란, 박진관
출판등록   2004. 12. 1(제2012-000051호)
주소   서울특별시 금천구 가산디지털 1로 168, 우림라이온스밸리 B동 B113~115호, C동 B101호
홈페이지   www.book.co.kr
전화번호   (02)2026-5777   팩스   (02)3159-9637

ISBN   979-11-7224-120-9 03180 (종이책)   979-11-7224-121-6 05180 (전자책)

역의 향기
종합편

정숙정 지음

 북랩

삶의 지혜를 얻는 공부

인생은 B to D라고 한다. 출생(Birth)에서 죽음(Death)까지가 인생이라는 것이다. 시작이 있으면 반드시 끝이 있고 시작과 끝 사이에는 과정(Procsess)이 있다.

시작과 끝 두 가지 사실만 놓고 보면 대단한 것 같은 사람의 인생도 꽃 한 송이가 피었다가 지고 물거품이 일었다가 사라지는 것과 다름이 없다. 인생은 이렇게 가벼운 것이다.

시작에서 끝의 사이, 즉 과정을 삶이라고 치면 별 볼 일 없는 것 같은 사람의 삶도 생로병사(生老病死)와 희로애락애오욕(喜怒哀樂愛惡慾)의 장엄한 역사와 다름이 없다. 삶은 이렇게 무거운 것이다.

명리학은 이렇게 '가벼운 인생', '무거운 삶'의 내면을 살피는 학문이다. 명리학의 존재 이유는 우주의 작동원리인 음양오행의 이론을 돋보기로 삼아 한 사람의 인생이 시작된 연월일시(四柱)라는 현상을 해석하고 그 사람이 자신의 삶을 잘 살아내고 잘 마무리할 수 있도록 도와주는 데 있다.

그런데 평생 해도 부족할 명리학 공부를 단기속성반처럼 해치우고자 하는 사람들이 있다. 또 오류가 있을 수도 있는 이론에 치우쳐 현상을 바로 보지 못하거나 공부가 부족해 기본적인 이론도 잘 알지 못하는 사람들이 철학원을 차리는 경우도 많이 보았다.

나는 전직이 교사다 보니 명리학을 접하는 사람들에게 명리학의 이치를 제대로 알려주고 싶었다. 그래서 이론서가 아니라 실제 사주를 가지고 세세하게 풀이해 주는 통변(通辯)에 관한 책을 두 권 출판한 바 있고, 기존의 명리학 책들과 확연히 다른 '실전 서적'이라는 평가와 함께 과분한 격려와 찬사를 받았다. 늘 감사하다.

수십 년 동안 명리학 공부를 하면서 고정관념에 사로잡히지 않으려고 노력했다. 그리고 수많은 사람을 만나고 상담하면서 내 것만을 고집하지도 않았고 욕심을 부리지도 않았다. 그 덕에 많은 벗과 눈 밝은 제자들이 생겼다. 정말 고맙다. 그리고 그들의 격려 속에 어쩌면 마지막이 될지도 모를 세 번째 책을 내기로 했다. 이 책을 내는 데 많은 도움을 주신 제자 김병연 님과 조민정 님 그리고 언제나 열렬히 응원해 주시는 제자 김원 님에게 깊은 감사를 드린다.

이번 책은 통변의 기초가 되는 격국과 삶에서 중요한 '사람'과 '가치'를 살피는 데 중점을 뒀다.
격국은 한 사람의 그릇 크기, 다시 말해 그 사람이 어떤 사람인지를 말한다. 핵가족 시대에 가장 중요한 사람은 '배우자'와 '형제자매'이며 요즘 시대의 가치는 '건강과 돈'이기 때문이다.

한마디로 '나를 알고 주변 사람들과 화합하며 돈 많이 벌고 건강하게 잘 살라.'라는 말이다. 이 책을 접하는 독자 여러분 모두의 삶이 그러하기를 바란다.

2024년 여름으로 접어드는 길목에서

정숙정

목차

사주의 격에 따른 성격

1. 사주의 격에 따른 성격

내격 사주에서는 월지가 어떤 육신인가에 따라 짐작할 수 있다.

* **정재격**: 월지가 正財격이면 부지런하고 근검절약하며 돈에 집착하고 착실단정한 편이다.
* **월지식상격**: 월지가 傷官이면 총명하고 야무지고 남이 해놓은 일은 어지간하면 마음에 들지 않으며 직선적이나 정작 자기 자신은 지적당하는 것을 지극히 싫어한다. 하극상하는 기질이라 자기보다 강한 사람이나 윗사람에게는 굽히기 싫고 약한 사람이나 수하인에게는 인정을 베푸는 경향이 있다. 자유로운 영혼이라 얽매임이나 간섭받기를 싫어한다. 자영업을 하는 경우가 많다. 인정스러우나 계산적이다. 솔직담백한 듯 해도 이중성이 있고 말이 좀 직선적이고 경솔한 감이 있다.
* **건록격**: 월지가 建祿이면 건록격 사주라 하는데 총명하고 경우가 밝고 교과서적인 면이 있다. 융통성은 좀 부족하고 보수적이다.

부친 덕이 부족하고 일찍 타향으로 나가는 경우가 많다.

- **양인격**: 월지가 羊刃살이면 양인격 사주라 하는데 강인하고 빈틈없고 깐깐한 편이다. 건록격보다 더 부친성을 극하니 역시 부친 덕이 부족하고 일찍 타향으로 나가는 경우가 많다.

- **종재격**: 일간은 약하고 財星은 강해서 재성에 종하는 從財格 사주는 여린 듯 강인하고 고집이 세다. 돈에 집착한다. 印星이나 比劫이 기신이니 반드시 모친이나 형제로 인한 애로가 생긴다. 印星이 기신이라 체면이나 예절 등에는 소홀하고 필요 없다 싶으면 부모 형제라도 싹 잘라버린다. 대단히 계산적이다. 比劫이 기신이라 친구가 많지 않고 심하면 친구가 한 명도 없는 사람도 있다.

- **종관살격**: 일간이 약해서 관살에 종하는 종관살격 사주는 여린 듯 강인하고 명예욕이 강하여 지기 싫어하는 기질이다. 다소 거친 듯한 면도 있다. 내성적인 듯 하나 때때로 폭발성이 있다. 총명하나 냉정한 점도 있다.

- **종아격**: 일간이 약해서 식상으로 종하는 從兒格 사주는 여린 듯 강인하고 예술성이나 감수성이 풍부하다. 多辯이다. 다정다감하고 인정이 많다. 여명 종아격은 남편 복이 부족하다. 식상은 관살을 공격하기 때문이다. 총명하고 야무지다.

- **종왕격**: 從旺格 사주는 일간이 약해서 종하는 것이 아니다. 좋게 말하면 주관이 뚜렷하다고 할 수 있고 나쁘게 말하면 고집스럽고 자기중심적이다. 독선적이다. 너무 강하니 꺾을 수가 없어서 財官이 기신이다.

- 종강격: 從强格 사주는 일간이 약해서 종하는 것이 아니다. 인성이 많아 편인으로 작용하니 철저히 자기중심적이고 인색하다. 고집이 세다. 얻어먹기 좋아하지만 정작 본인이 돈을 내는 일은 드물다. 종강격도 財官이 기신이다. 너무 강한 것은 꺾지 않고 설기시켜야 좋다.

2. 오행의 편중에 따른 성격

- 正財가 많으면 편재의 특성이 있는데 돈에 집착하면서도 돈을 가볍게 여기고 협기가 있다. 투기성이 있고 그로 인해 재물 손실이 생긴다.
- 인수성이 많으면 편인의 특징이 나타난다. 자기중심적이고 극히 인색하고 감정의 기복이 심하고 권태가 심하다.
- 比劫이 많으면 고집이 세고 사주에 도둑이 많은 형상이라 내 마음도 도둑의 심보와 같아져서 탐심이나 투기성이 있다. 일확천금을 노린다. 특히 일지에서 솟은 겁재는 나의 표출신이기도 하나 내가 도둑의 마음과 같아져서 탐욕이 많고 이중성이다. 시샘이 많고 지기 싫어한다.
- 食傷이 많으면 자연히 신약하다. 신약한데 식상이 왕하면 퍼주기 좋아하고 헛소리 남발이다. 말은 앞서고 실천은 더디거나 없다. 女命이 이러하다면 모쇠자왕(母衰子旺)이 되어 임신이나 출산에 따른 애로가 있고 애물단지 자식이 생긴다. 남편 덕이 부

족하다. 식상은 관살을 공격하기 때문이다.

- 일지나 月干 또는 時干에 있는 글자들의 영향을 많이 받는다. 가까우니까.

- 神殺에 의해 영향을 받는다. 귀문살이나 지라살 등이 있으면 예민하고 직감이 빠르고 분별력이 부족한 경우가 있다. 모가 난 성격들이다.

- 소용돌이(颱風, 旋轉)가 많거나 세면 인생 여정에 굴곡이 심하고 때때로 걷잡을 수 없는 성격이 나타난다. 다혈질이다.

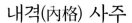

내격(內格) 사주

1. 정관격(正官格) 사주

　　　　　　　43　33　23　13　3

庚 壬 丁 甲　　　壬 辛 庚 己 戊

戌 申 丑 寅 남자　午 巳 辰 卯 寅 대운

- 월지정관격이고 조금 신약하니 庚과 申이 용신이다. 官이 약하니 직장 생활은 짧고 壬대운에 재성인 丁이 쟁합되니 비견이 나의 재물을 合去하는 형국이라 기계제조업을 동업으로 하다가 접으려고 한다. 손실이 크다. 신왕 신약을 떠나서 財는 쟁합되면 좋지 못하다. 金이 용신이라 기계제조업 계통의 직업을 가진 듯하다.

- 巳대운에는 운에서 들어오는 巳가 부인인데 巳申刑合되니 늦은 나이 41살에 결혼하여 바로 불화가 시작되었다. 丁이 쟁합되는 43살에 이혼했다. 丑 정관이 약해서 성격이 정관의 특성보다는 용신인 庚과 申의 영향이 더 크니 재치와 순발력이 있고 민첩하나 감정 기복이 심하고 변덕스럽고 잔머리형이다. 쉽지 않겠지

만 이런 점들을 많이 줄이면 운세가 아주 좋아질 것이다.

- 庚은 일지에서 올라온 나의 표출신 즉 또 하나의 나 자신이고 모친이기도 하니 모자간에 닮은 데가 많고 팔자도 닮는다. 庚戌을 모친의 일주라고 볼 수도 하는데 魁强柱라 모친이 총명하고 논리적이며 강강한 성격이며 괴강주라 남편 복이 없어서 부모가 이혼했다. 이 남성도 이혼했으니 팔자도 닮아가는 것이다.

68

辛 己 丁 乙　　　壬
巳 丑 亥 卯　남자　辰

- 정관격이다. 亥와 丑 사이에 子가 있어 亥子丑 半水局이라 亥가 강해 보이나 亥卯 반삼합으로 亥가 사라지는 형상이다. 더구나 時上에 편인이 있어 자식 운이 불길하다. 壬辰대운 중 壬대운에 자식이 자살했다. 대운지 辰이 亥를 입고시킨 탓도 있다.
- 亥가 약해서 평생 직업 운이 부실했으며 변동이 잦았다. 월지 정관격은 대체로 착실하고 교과서적이지만 이 남성은 그렇지 못했다.

辛 癸 壬 戌　　　己 庚 辛

酉 巳 戌 寅 여자　未 申 酉 대운

- 정관격이나 신약한 사주라 官이 기신이다. 정관의 좋은 점은 거의 없고 용신인 辛酉 편인의 성향이 강하게 작용한다.

- 辛酉에 의지해야 할 사주가 기신인 戌정관과 합해서 용신과는 無情한 사주가 되었다. 운명이 나쁜 쪽으로 흘러갈 명조다. 분별력이 약하고 잔머리나 굴리고 거짓말에 도벽까지 심하다. 헛된 물욕이 많은 것은 財도 기신이기 때문이다. 탐욕을 버리기가 쉽지 않을 것이다. 모친의 말을 잘 들으면 팔자가 보다 나아질 것이다. 辛酉가 모친이고 용신이니까.

- 辛酉가 모친인데 辛에서 酉는 홍염살과 도화살이고 건록이 있어 祿도화라 하여 모친의 미모가 대단하다. 酉가 건록이라 모친이 정직하고 착실하며 교과서적이며 착실하다. 월지가 정관이라고 정관의 좋은 특징만 나타나는 것이 아니고 忌神인가 희용신인가를 살펴야 하고 일간과의 有無情 관계를 구별해야 한다.

<pre>
              38 28 18 8
癸 丙 庚 丙   丙 丁 戊 己
巳 辰 子 辰 여자   申 酉 戌 亥 대운
</pre>

- 정관격 같지만 자세히 보면 종관격(從官格)이다. 子辰 半水局과 庚의 생조를 받아 癸가 강하고 연간의 丙은 멀고 약해서 일간을 돕지 못하고 시지의 巳는 辰에 심하게 설기를 당해서 일간의 뿌리가 되지 못한다. 아무리 丙의 양기가 강해서 쉽게 종하지 않는다고 하지만 이 사주는 종하지 않을 수 없다.

- 일지에서 올라온 癸가 나의 표출신이기도 하고 강하니 일간을 대행하는 일간대행격이다. 水体局이다.

- 癸가 많은 물속에서 홀로 솟으니 군계일학이고 일인자 격이라 서울대 출신이고 국립대 교수이다. 맏이거나 맏이 역할을 해야 하는데 실제로 맏이다.

- 庚은 모친인데 뿌리가 巳 중의 庚이지만 巳가 심하게 설기되어 불이 꺼지니 巳 중의 庚은 장생지를 잃었고 子가 庚의 死地라 단명할 조짐이 나타나 있는데 申대운에 申子辰 水局으로 申이 떠내려간다. 금침수저다. 모친이 병에 걸렸다. 丙대운에 庚이 극되어 모친이 혈액암으로 별세했다.

- 2017년 丁酉년 초에 온 가족이 보러왔을 때 금년에 어머니가 사라지는 운이니 빨리 병원에 가서 검사를 받아 보라고 간곡히 말했으나 그냥 지내다가 쓰러져서야 병원 응급실에 실려 갔다. 일년 반 정도 투병하다가 다 나았는데 갑자기 패혈증으로 하루만에 사망했다.

역의 향기 종합편

$$45 \quad 35 \quad 25 \quad 15 \quad 5$$

庚 己 庚 辛　　　乙 丙 丁 戊 己

午 巳 寅 酉 남자　酉 戌 亥 子 丑 대운

- 정관격이나 신약하고 식상은 왕하며 寅巳刑殺로 정관은 파극 당했다. 제대로 된 직업이 없고 변동이 잦았다.
- 午편인이 용신이라 끈기가 부족하고 다혈질이고 신약사주에 식상이 왕하니 헛소리 남발이라 말은 앞서고 행동이 따르지 못한다.
- 財가 없으니 食傷無財라 재물 운도 약하다. 즉 노력은 하는데 돈이 안 모인다는 뜻이다. 財가 없으니 어느 것이 아내인가? 일간인 己와 명암합하는 寅 중의 甲이 아내다. 파극 당한 글자라 미혼이다. 혹 결혼하더라도 해로하기 어렵다. 편인중의 나쁜 기질과 寅巳刑殺로 버럭버럭 화를 내는 것을 고쳐야 開運할 수 있다.

2. 편관격(偏官格) 사주

壬 丁 庚 辛
寅 亥 子 丑　　　여자

- 편관격이고 寅이 용신이다. 亥子丑 수국까지 있어 편관이 기신이고 관살이 혼잡되었다.
- 편관격이니 지기 싫은 기질과 자존심이 강하고 총명하나 다소 냉정한 면이 있다. 殺이 왕하니 신경질이 심하다. 관살 혼잡에 官이 기신이라 남편 애로가 많아 이혼 운운하며 불화가 극심하다.
- 丑 자식이 水局에 떠내려가고 寅 중의 戊土도 寅亥合으로 그 氣가 끊어지니 자식이 교통사고로 객사했다.

丙 癸 丁 甲　　　辛 壬 癸 甲 乙 丙
辰 酉 丑 辰　여자　未 申 酉 戌 亥 子 대운

- 편관용인격이다. 편인이 기술성의 별이라 미용사다. 재치와 순발력이 있고 민첩하고 다혈질이다.
- 일지 酉는 남편인 辰중의 戊土에게는 死地이다. 丑 편관도 酉丑 半金局으로 氣가 빠지니 부부궁이 부실하다. 남편의 건강을 잘 챙기시라는 말을 했더니 화를 내며 상담 도중에 벌떡 일어나서 가버렸다.

- 申대운에 申辰 半水局으로 辰이 떠내려가니 남편이 50대의 나이로 알츠하이머병에 걸려서 이삼년 고생하다가 세상을 떠났다. 辰은 남편성이다. 지금은 이따금씩 찾아와서 상담도 하고 손님도 보내준다.

그 남편의 사주

```
0 己 庚 甲        丙
0 未 午 午  남자   子  대운
```

- 甲은 머리나 간이다. 甲은 無根하고 旺火에 타고 있으며 庚의 극을 받으니 그 부위가 약하다.
- 子대운에 子午충으로 왕신충극이 심하니 생명의 위험이 있다. 子午충은 심혈관이나 뇌혈관, 허리나 다리 등의 질병을 뜻한다. 子대운에 발병하여 고생하다가 丁대운 초에 별세했다. 丁이 庚을 극하니 己가 甲을 합하여 일지에 입고시켰다. 甲己로 合入庫 되는 것을 庚이 막고 있었는데 庚이 丁의 극을 받아 순간적으로 없어지자 쉽게 合入庫 되었다.

庚 壬 壬 辛　　　戊

戌 午 辰 亥 여자　 戌 대운

- 편관용살격이다. 신강하니 戊이 용신이다. 水命人은 총명하고 시상에 편인까지 있어 두뇌 회전이 빠르다. 편관이 용신인 사람도 총명하고 자존심이 강해서 언행이 신중하다.
- 戊은 財庫이고 午戌 화국까지 있어 중말년의 재물 운이 좋다. 비겁이 많은 초년은 금전적으로 힘들었다. 부모·형제 덕이 부족하다. 편관이 용신이라 남편 복은 양호하다. 戊을 남편으로 볼 수도 있고 午 중의 己를 남편으로 볼 수도 있다. 둘 다 참조해서 보면 더 정확한 통변이 나올 수 있다. 水命人은 대체로 초년에 우여곡절이 많다.

癸 丁 癸 丁

卯 未 丑 亥 남자

- 월지에서 癸가 솟으니 편관격이고 신약하니 卯가 용신이다. 재치와 총명함이 있으나 다혈질이고 권태가 빠르다. 亥子丑 水局이 있고 官殺이 혼잡되어 官이 기신이다. 직업 운이 부실하고 여러 직장을 전전했다. 財도 기신이라 부친 덕과 처덕 그리고 돈복이 부족하다. 편관이 바짝 옆에 붙어있어 단명할 수도 있는 사주다. 홀로 지내고 있다. 木局이 있어 부친이 세 번 결혼하셨다. 인성이 혼잡되어서 그렇다.

- 水가 기신이라 무자식이다.
- 癸의 극이 심하니 매우 다혈질이고 기갈이 세다.

64 54 44 34 24 14 4

甲甲庚丁　　癸甲乙丙丁戊己

戌子戌酉 남자　卯辰巳午未申酉 대운

- 庚이 酉戌 半金局에서 올라와 편관격이고 신약하니 殺印相生하는 子가 용신이다. 庚 편관을 견제해주는 丁도 희신이다.
- 편관격이라 카리스마 있고 총명하며 지기 싫은 기질이 강하다. 명예욕도 강해서 중등의 국어교사인데도 승진 욕구가 강해서 노력 중이다. 보통 승진 욕구는 초등교사들이 강하다.
- 甲甲이 있어 쌍목위림이고 경쟁심이 강하고 권위적이다. 子 인수가 용신이고 丁 상관이 희신이라 어학계통의 교사다.
- 戌 늦가을 나무에 丁이라는 단풍이 든 형상이라 미남이다. 일지에 水氣가 있어 단풍이지 물기가 없으면 가랑잎이라 미남일 수가 없다. 여름 내내 자라난 나무를 庚 도끼가 다듬어줘서 미남일 수도 있다.
- 子 모친이 두 개의 戌을 만나니 재혼하셨고 子 중에 壬癸가 있어 부친도 재혼이시다.
- 癸대운에는 丁이 극을 받으면 庚을 견제하지 못해서 庚 편관이 일간을 바로 치는 구조로 되어있다. 자식 애로가 예상되고 본인의 뇌혈관이나 간 쪽을 조심해야 한다. 생명의 위험이 있을 수

있다. 대운지 卯는 酉와 서로 부딪히니 왕신충극이다. 무난할
수 없는 운이다. 건강검진을 자주 해야 하고 베풀어야 한다.

甲 乙 辛 戊
申 丑 酉 子 남자

- 편관격이고 신약한데 子水로 생조 받기는 어렵고 申 중의 壬水
  로도 역부족이다. 더구나 辛이 일지에서 올라와 약한 일간을
  극하니 매우 불길한 명조다. 이런 경우 단명하거나 多病인 사주
  가 많다. 일지가 주는 영향력은 매우 크다.
- 정신력을 뜻하는 甲이 너무나 약해서 뇌혈관이나 간 등이 나쁠
  수 있는데 이 사람은 정신지체 장애인이다.

丁 甲 戊 壬
卯 午 申 子 여자

- 편관격이다. 申子 半水局으로 신강해지니 丁과 午가 용신이다.
  편관이 금침수저되어 직장 체질은 아니고 부부 운도 나빠서 늦
  도록 미혼이다.
- 상관이 왕하니 자유로운 영혼이다. 얽매임이 싫다. 운동신경이
  좋다. 필라테스 학원을 동업하다 접었다.
- 丁 상관이 입이고 그 아래에 양인살 卯가 있어 입에 칼 달린 형

상이라 직선적이고 독설험구가다. 언행에 거침이 없다.

- 상관이 왕하니 남자가 눈에 차지 않고 남자들을 무시한다.
- 戊가 부친인데 旺水에 떠내려가는 형상이라 선원 생활을 하시다가 배에서 사고로 돌아가셨다.

3. 정재격(正財格) 사주

62

壬辛甲戊　　　辛
辰未寅戌 남자　酉

- 辛금은 土多와 火多를 싫어하니 壬水가 용신이다. 寅과 戌 사이에 午가 있어 火局을 형성하고 있고 土多埋金이다.
- 상관이 용신이니 총명하고 야무지나 직선적인 말이 밉상이고 제 잘난 맛에 산다.
- 연월주에 4급, 월시주에 2급, 연일주에 3급의 소용돌이가 세 개나 돌고 있어 걷잡을 수 없는 성격이며 인생 여정에 굴곡이 많다.
- 甲寅이 강해보여도 火局에 타고 있고 일지 未가 甲寅을 입고시키고 태풍이 많아 처궁이 매우 부실하다. 辛대운에 세 번째 처와 이혼서류를 접수했다. 예민하고 잘 삐친다. 직선적인 말들을 순화시켜야 하고 좀 더 겸손한 언행이 필요하다. 그래야 開運이 된다.

28

```
甲 甲 辛 己          甲
子 申 未 未  여자    戌
```

- 정재용인격이다. 신약하니 용신인 子에 의지해야 하는데 일간
  이 기신인 己와 합해가니 밝은 것을 등지고 어두운 곳을 향하
  는 형상이라 초년에 애로가 많고 풀리지 않는다. 용신이 時에
  있으니 중년부터 호전될 것이다.
- 申과 辛이 배우자성이나 합신인 己를 배우자로 볼 수도 있다.
  己未와 未가 있어 두 번 이혼했다. 기신이고 일간을 합하여 未
  로 入庫시키기 때문에 부부 해로가 어렵다.
- 부친인 편재가 없어서 정재인 己未를 부친으로 본다. 기신이고
  일간을 合入庫시키니 부친 덕이 없고 1급 태풍이 부는 癸酉 대
  운에 부친과 사별했다. 23세 전후다.
- 뚜렷한 직업이 없고 財가 기신이니 쓸데없는 물욕을 버리고 체
  면과 예의를 차려야 하는데 본인이 뼈저리게 느껴야 가능한 일
  이다. 돈인 己와 합하면 未로 입고되니 물욕을 버려야 한다.

79 69 59

```
丁 乙 甲 己          壬 辛 庚
亥 亥 戌 丑  여자    午 巳 辰  대운
```

- 正財격이고 신약하지 않으니 丁이 용신이다. 달변이다. 丑戌刑

에 의해 손상된 재성은 용신이 될 수 없다. 亥亥가 自刑이고 기신이라 폭발적인 기갈이 세고 손자가 없다. 정재격이라 착실 단정하나 인수성이 많아 지극히 자기중심적이다. 인색하다. 일지에서 겁재가 솟으니 탐욕이 많고 이중성이다.

- 일지에서 솟은 甲은 나의 표출신이다. 甲과 합하는 己가 남편이고 같은 土이니 戌도 남편성이다. 甲이 뜨거운 자갈밭 戌위에서 뿌리를 내리지 못해 첫 남편인 戌과 이별하고 다시 己丑과 재혼했으나 丑戌刑에 의해 사별했다. 戌중에는 자식인 丁이 있어 자식을 낳고 살았던 첫 남편이다. 甲에서 己는 돈이기도 하니 결혼할 때 주로 돈이나 남자의 능력을 위주로 선택한다.

- 甲은 나의 표출신이니 나이고 亥 어머니의 표출신이기도 하고 오빠이기도 하니 세 사람이 팔자가 닮았다. 세 사람 다 재혼했고 재혼도 다들 이별로 끝났다.

- 이기심과 탐심을 줄이면 운명이 보다 호전될 것이다. 丁이 용신이라 상담업과 부동산 중개업을 거쳤다.

- 庚대운은 庚이 甲을 쳐서 甲己의 합이 깨지니 재혼 남편이 심장마비로 급사했다.

- 辰대운은 亥 왕신을 入庫시키고 戌과 丑을 흔들어 본인이 위암 초기에 발견하여 치료받았다.

- 巳대운은 운에서 들어오는 巳가 자식인데 亥와 상충하니 자식의 애로가 예상된다. 왕신충극이니 이 여성에게 큰 질병이 올 수도 있다.

$$37 \quad 27 \quad 17 \quad 7$$

己 乙 戊 辛　　　甲 乙 丙 丁

卯 未 戌 丑 **남자**　午 未 申 酉 **대운**

- 정재용인격이고 財多身弱 比劫扶身格이라고도 한다. 재다신약격은 평생 돈과 여자로 인해 허덕여야 하고 물론 부친 덕도 없다. 재다신약격은 돈 욕심이 대단한데 돈복은 없다. 연지 丑에서 보면 卯가 수옥살이라서 돈과 여자로 인한 전과가 있다. 돈욕심을 버리고 착실하게 살아야 돈복이 올 것이다.
- 신약한 일간이 酉에 의지하려 하나 酉는 오히려 내돈인 卯를 깨고 있어 동업하다가 손해가 컸다. 卯가 돈이라 그런지 목재상을 동업하다가 실패로 끝났다.
- 戌는 모친의 첫 남편인데 寅巳刑으로 이혼하고 재혼하셨다. 寅은 모친의 재혼 남편이다. 모친 戌의 장생지라 해로하셨다.

$$54 \quad 44 \quad 34 \quad 24$$

丙 乙 甲 甲　　　庚 己 戊 丁

戌 卯 戌 午 **남자**　辰 卯 寅 丑 **대운**

- 정재용비격이다. 용신인 卯가 양쪽에 있는 戌에 入墓되어 用神受傷이다.
- 水가 모친인데 보이지 않는다. 合神을 이용해서 찾아야 한다. 戌이 부친성인데 부친인 戌과 육합하는 卯가 모친이다. 戌이 둘

이라 모친이 재혼하셨고 木이 모친이니 같은 木인 甲甲이 또 다른 어머니를 뜻하니 부친도 재혼이시다.

- 戌이 아내인데 양쪽에서 일지와 합하니 이 사람도 재혼이다. 卯가 어머니인데 그 표출신이 甲乙이니 내 일간인 乙과 모친의 표출신이 동일하니 팔자가 닮았다.
- 丑대운에 丑戌刑이 차례로 일어나니 실연을 하고 다른 여성과 결혼했으나 丑대운 동안 불화가 심했다.
- 戌대운은 운에서 들어온 戌가 아내인데 군비쟁재를 당하니 이혼했다.
- 庚대운은 甲을 제거하여 경쟁력이 강해지고 庚 정관이 일간과 합하니 승진했다.
- 卯대운은 卯戌합이 풀리고 새로운 卯戌합이 생기니 재혼했다.

4. 편재격(偏財格) 사주

丙乙己癸　　乙甲癸壬辛庚
戌卯未丑 여자　丑子亥戌酉申 대운

- 편재용인격 사주이고 財多身弱比劫扶身格이라고도 한다. 신약하니 財官이 기신이라 두 번 이혼하고 세 번째 남자와 동거 중이다. 丑 중의 辛이 남편이니 남편의 氣가 들어 있는 丑 전체가 남편이고 같은 土인 未와 戌도 남편이다. 삼혼지명이다. 丑이

첫 번째 남편이고 未가 두 번째이고 戌이 세 번째다.

- 신약한 사주에 물이 필요하니 직업은 목욕탕 세신사다. 水대운에 나름 돈이 좀 모였다. 戌이 卯를 입묘시키고 戌이 아궁이다. 卯가 타서 없어지는 형상이라 해로 못하거나 이 여성이 단명하거나 중병에 걸릴 수도 있다.

11

丙 辛 辛 辛　　　 己
申 未 卯 巳 남자　 丑

- 편재용인격 사주다. 卯 하나에 비겁이 많아 군비쟁재라 丙으로 비겁을 견제해야 하나 丙이 너무 약하다. 卯도 희신이라고 할 수 있지만 辛에 억눌려있고 生火로 丙에 연결이 되지 않는다.
- 군비쟁재는 타인으로 인한 피해거나 동업으로 인한 피해 그리고 나의 투기성으로 인한 손재 등을 의미한다.
- 이 학생은 丑대운 어린 나이에 인터넷 도박에 빠져 수천만 원의 부모 돈을 탕진하고 가출을 반복하고 있다. 卯는 辛 아래에 있어서 남의 돈인데 나의 일지인 未에 입고시키려 하니 탐심과 투기성이 강한 것이다. 투기성과 탐심을 버리지 않으면 평생 노름꾼밖에 더 되겠는가? 丑대운은 일지를 치니 정서불안에 판단력이 부실해진다. 卯申 귀문살이 있어서 예민하고 생각이 좀 독특하다. 마음 다스리는 일이 쉽지는 않지만 불가능한 일도 아니다.

31

己 乙 辛 甲   丁

卯 巳 未 子 중국 여성   卯

- 편재용비격 사주다. 신약한데 시에 祿이 있어 귀록격이라고도
  한다. 巳 中 庚이 남편인데 乙巳일에 또 관성이 투간하면 해로
  가 어렵다고 이석영 선생의 사주추명가에 나와있다. 세 번 이혼
  했다.
- 첫 번째 남편에게서 낳은 아들은 두 번째 남편이 양육하고 있다
  고 한다. 중국의 법이 그렇다고 한다.
- 丁대운에 관살혼잡인 辛이 제거되니 11세 연하인 한국 학생을
  영국에서 어학연수 중에 만나서 총각 집 부모의 격렬한 반대에
  도 불구하고 혼인신고를 하고 동거하다가 쌍방폭행으로 이혼을
  했다. 직업은 변호사라고 한다. 신약사주에 辛 편관의 극이 있
  어 아주 히스테리가 심하다고 한다. 어린 남학생의 모친은 속이
  시커멓게 탔다. 그 당시에 남학생의 나이는 불과 24세였다.

辛 戊 壬 甲

酉 午 申 午 남자

- 신약사주에 식상이 왕하면 헛소리를 남발하며 약속도 잘 어기
  고 경솔해 보이고 신뢰를 얻기 어렵다. 월지에서 壬이 솟아 편
  재격이고 신약하니 일지 午가 용신이다. 연지의 午는 멀고 壬申

에 막혀 일간을 돕지 못한다.

- 식상이 왕하고 양인살이 있어 기계 기술자이고 식상이 왕하고 甲 편관이 약해서 직장 체질은 아니고 공장을 운영 중이나 財가 기신이라 재물 운이 좋지는 않다. 財가 기신이라 삼혼을 했으며 삼혼도 불화 중이다.

- 연월주에 2급, 월시주에 1급, 연시주에 3급 이렇게 태풍이 많으니 인생 여정이 순조롭지 않고 성격은 아주 고약하다.

- 식상은 왕하고 관성인 甲이 약하니 자식 애로가 많다. 딸자식은 이혼했고 또 다른 딸은 미혼이며 아들만 결혼했다.

- 이 남성은 기신인 壬水가 강해지는 亥대운과 子대운에 두 번 이혼했다. 子 대운은 子午충으로 왕신충극되고 부부궁이 흔들린다.

67 57

丙乙丁壬　　　庚辛
戌亥未辰 여자　子丑

- 편재용인격 사주이나 용신인 亥가 亥卯 반삼합으로 사라지니 좋은 사주는 아니고 단명할 수도 있다.

- 丑대운 _ 辰未戌을 다 刑沖破하고 용신인 亥를 약하게 하니 위험한 운이다. 土가 土를 치니 소화기 계통이라 위·대장 내시경을 받으라고 강하게 권유하니 신경질을 냈다. 내 말이 기분 나빴지만 찜찜해서 병원에 가서 내시경을 했더니 대장암을 초기에 발견해서 수술이나 항암을 하지않고 장을 훑어내는 방식으

로 치료받고 완치되었다. 6년 후 찾아와서 완치 판정을 받았다
고 좋은 소식을 전해줘서 고마웠다. 대장암을 발견한 시점부터
많은 손님을 보내줬다.

- 관성이 미미하고 기신이라 말년까지 독신으로 살아간다. 직업
은 간병인이다. 연월주에 기신이 우글거리니 부모·형제 덕이 없
고 뜯어가고 욕이나 한다고 한다.

5. 건록격(建祿格) 사주

월지의 비견이 建祿인 경우

丙 丙 辛 乙
申 申 巳 未 여자

- 월지 건록격이다. 14살이라는 어린 나이에 공부를 하기 위하여
객지로 나갔다. 건록격 사주는 대체로 부친 덕이 부족하고 일
찍 타향으로 나가는 경우가 많다.
- 월지의 영향이 크니 정직하고 솔직담백하고 경우가 밝으나 융
통성이 부족하고 교과서적이다. 巳록이 申에 의해 형합되니 소
극적이고 은둔형이다. 刑殺이 많으니 젊은 시절에 신경질이 많
았다.
- 巳가 申을 형하니 형제나 남편 그리고 모친이 수없이 뜯어가고

헐뜯었다. 巳는 부친인 申과 육합하니 모친으로 볼 수 있다. 일지와 육합하니 남편이기도 하다. 巳는 형제이다. 그래서 그들이 고통을 줬다. 그들의 표출신인 時干의 丙은 월간 辛을 쟁합하니 어찌 이런 일들이 일어나지 않겠는가?

- 건록은 나라에서 주는 봉록이라 교직에 있었다.

				51	41	31	21	11	1
壬	甲	丙	甲	壬	辛	庚	己	戊	丁
申	辰	寅	寅 남자	申	未	午	巳	辰	卯

- 건록격이며 비겁이 왕해 종왕격을 겸했다. 설기자 丙이 용신이다. 申은 壬을 투출시키고 申辰 반삼합으로 금침수저되니 용신으로 삼을 수 없다.
- 행정직 공무원이다. 건록이 거듭 있고 甲辰일은 부친과의 인연을 눈여겨봐야 하는데 辰은 帶木之土라 辰중의 戊가 乙의 기세에 따라가서 약해졌다. 특히 甲辰 백호에 걸리니 부친이 단명하셨다.
- 土 배우자성이 약해서 미혼으로 있다가 未대운이 정재운이라 결혼 욕구가 높아지고 있다.
- 丙이 눈, 심장, 소장 등인데 壬의 극을 받아 시력이 아주 약하다.
- 寅 중의 戊가 부친이라고도 볼 수 있다. 나와 뿌리를 같이 두고 있고 월주는 부모궁이다. 부친의 표출신은 丙인데 모친궁인 壬申과 天沖地沖하니 부모끼리의 인연이 나빠 부친이 단명하셨다.

62 52

己 辛 丁 辛　　　庚 辛

丑 亥 酉 丑 남자　　寅 卯 대운

- 건록격이고 신왕하니 설기자 亥가 용신이다. 丁도 연간의 辛비견(경쟁자)을 견제해주니 희신이지만 약한 것이 흠이다.
- 건록격이라 부친이 무능하고 본인이 자수성가했다. 건록격은 일찍 타향으로 나가는 경우가 많다. 고향은 진해지만 항구도시인 부산에서 오랫동안 살아왔다. 물이 필요한 사주니까.
- 亥가 용신이고 亥 중 甲이 돈이고 나무라 조경업으로 성공했다.
- 卯대운 _ 운에서 들어온 卯가 돈이고 처인데 卯酉冲으로 상하니 금전 애로가 크고 처는 우울증 등의 질병에 시달린다.
- 丁이 편관이라 명예욕이 많고 酉 건록도 있어 구의원에 몇 번 낙선했다가 한 번 당선이 되고 그 후 또 낙선했다.
- 건록격이라 직장 생활을 오래 했으나 외환위기 때 권고사직하였다. 그후 회사에서 지원해주는 조경업을 해서 크게 벌었으나 지금은 서산에 기우는 해와 같은 형상이다.

45

戊 癸 戊 庚　　　癸
午 未 子 子　여자　未

- 건록격이고 신왕하니 時干의 戊가 용신이다. 전형적인 공무원 사주다. 지방행정직이고 4급 승진했을 것이다. 官이 용신이라 명예욕이 강하고 이성을 밝힌다.
- 관살이 혼잡되고 일간이 쟁합하니 재혼지명이다.
- 癸대운 _ 合에 合을 보니 戊癸의 합이 풀려 이혼했다. 첫 남편인 월간의 戊가 지지의 子 중의 癸와 두 번 명암합하니 바람을 두 번 피우다가 이혼 당했다.
- 未 중의 乙은 두 아들인데 午未로 합하면 乙이 타죽기 때문에 아버지인 월간의 戊土 아래에 있는 子를 찾아가야 한다. 그래서 아들 둘을 전남편이 양육하고 있다. 이 여성의 일지가 자식인 乙을 入庫시키니 부친이 키우는 것이 훨씬 낫고 운세도 그렇게 흘러가는 것이다.

41

戊 己 戊 戊　　　癸
辰 酉 午 申　여자　丑

- 건록격이고 신왕하니 酉가 용신이고 辰酉합으로 설기구가 넓어져서 좋다. 酉가 문창성이라 총명하고 말 잘하고 午 건록이 있

어 초등교사다.

- 식신이 희용신이라 두 딸이 다 총명하고 효순하다.
- 癸대운 _ 천간의 많은 비겁과 癸대운이 군비쟁재를 일으키니 돈 욕심을 내면 돈이 깨진다. 주식이나 투기성 매매를 자제해야 한다.

6. 양인격(羊刃格) 사주

월지가 겁재양인에 해당되는 경우

32

壬 壬 丙 己　　　庚

寅 申 子 未　여자　辰

- 월지양인격이고 신강하다. 신강할 때 용신을 정하는 법은 대체로 官 財 食傷의 순서인데 연주의 정관이 멀고 子에 가로막혀 별 도움이 되지 않는다. 財인 丙은 군비쟁재로 인해 용신되기가 어렵고 상처받은 寅이 용신이다. 용신수상이라 좋지 못한 조짐이다.
- 己未는 자매인 子의 남편인데 원진살에 걸려있고 申子 半水局으로 인해 약해져서 여동생이 이혼했다.
- 이 여성의 남편은 자식인 寅 속에 있는 戊土다. 寅申沖으로 戊의 장생지 寅이 장생지 역할을 못 하게 되니 이 여성도 남편과

불화 끝에 별거 중이다.

- 자식인 寅이 충거되니 자식이 혈액암으로 치료 중이다.

위 여성의 여동생 사주

丁 丙 庚 辛
酉 寅 寅 酉 여자

- 편인격이다. 다혈질이고 재치 순발력이 좋다. 관성이 없으니 일간의 合神인 辛酉가 남편이다. 나 일간을 합해서 酉 死地로 끌고 가는 남편이니 해로가 어렵다. 원진살과 겁살도 겹쳤다. 이혼했다.
- 庚은 부친인데 寅 절지 위에 있고 寅에서 솟은 丙은 절신발동이라 부친이 담도암으로 투병하다 별세하셨다.

43

甲 壬 戊 乙   癸
辰 戌 子 未 여자   巳

- 양인격 사주에 신약하니 子가 용신이다. 사방 土에 싸여 고립무원이고 金이 없어 생조를 받을 수도 없어 좋은 명조는 아니다.
- 일지에서 솟은 戊 편관이 더욱 나쁘다. 여명은 日과 時에 辰戌

의 沖이 있으면 고독지명이다. 관살혼잡에 신약하고 辰戌충이 있으면 壬戌 白狐일주라 癸대운에 남편과 사별했다. 癸巳대운은 甲辰 시주와 서로 역행하는 1급 태풍(선전)이 있고 약한 癸가 戌와 합해서 편관칠살을 발동하게 했기 때문이다.

- 甲이 딸이고 戌 중의 辛이 사위인데 辰戌충으로 요동치니 딸이 두 번 이혼했다. 딸은 누구와도 해로하기 어렵다.

- 甲 식신으로 制殺하자니 역부족이다. 일종의 식상제살격이라 어린 듯 강단이 있고 甲을 더욱 세게 작용시키자니 독설에 험구다. 양인살도 주관, 자존심, 깡다구 등을 의미한다. 좋은 성격은 아니다. 말만 곱게 해도 자식 운이 많이 좋아진다.

50

丁 甲 癸 壬　　　戊
卯 辰 卯 寅　남자　申

- 양인격이고 종왕격이니 설기자 丁이 용신이다. 신강하니 아주 고집이 세고 성질이 강하고 丁으로 설기하자니 바람둥이다. 식상은 성욕의 분출이다. 도화살도 두 개나 있다.

- 丁 상관 아래에 卯 양인살이 있어 독설험구에 직선적이고 제 잘난 맛에 산다. 왕자병도 있다.

- 상관이 용신이라 자유로운 영혼이라 직장체질은 아니고 사업을 한다. 상관이 기술성의 별이라 기술계통의 자영업이다.

- 많은 木局에서 홀로 솟은 甲이 일간이고 군계일학 형상이라 나

름 똑똑하고 맏이거나 맏이 역할을 해야 하며 멀리 보는 안목
이 있고 준비성도 좋다. 굽히기가 싫다. 성격이 운명을 만들어
가는데 성격을 고치기가 쉽지는 않지만 많은 노력을 해야 한다.

- 申대운에 왕신충극으로 이혼의 위기가 있었다.
- 甲辰 백호일이고 양인에 건록까지 있으니 부친무덕이다. 부친이
  무책임하시고 무능력하시며 첩살림까지 하시다가 일찍 돌아가
  셨다. 건록격이나 양인격은 부친 덕이 없는데 양인격이 더 심한
  것 같다. 사주는 유전하는 경향이 있어 부부 운은 부모를 많이
  닮아간다. 자기 생에서 종지부를 찍어야 한다.

15 5

| 癸 壬 庚 辛 | 壬 辛 |
| 卯 午 子 亥 여자 | 寅 丑 |

- 양인격이고 신강하니 설기자 卯가 용신이다. 子午충으로 午 중
  己土는 용신이 될 수 없다.
- 신강하니 고집이 세고 성질이 강하며 연월주끼리 1급 태풍이 있
  어 걷잡을 수 없는 폭발적인 성격도 있다. 子午 상충살도 있으
  니 성질이 장난이 아니다. 卯 상관이 용신이라 직선적이고 독설
  험구가 심하다. 자유로운 영혼이고 제 잘난 맛에 산다.
- 상관이 용신이라 야무지고 빈틈없이 일 처리를 한다. 그래서 남
  들이 해놓은 일들은 마음에 들어 하지 않는다.
- 午中 己土가 남편이나 약하다. 처녀로서 후처로 시집갔다. 寅대

운이 식신운이라 성욕의 분출이나 이성에 대한 욕구가 생기는 운이고 자식이 생겨야 하는 운이라 여성들은 식상운에 결혼하는 경우가 많다. 寅 중에는 戊土가 있고 子午충을 일시적으로 완화시키는 운이기 때문이다.

- 子午충으로 午가 沖去되니 부친 덕이 없다.
- 亥 중 甲은 전처소생이고 卯는 나의 아들딸이다. 甲乙이 있어서.
- 설기가 필요하고 상관이 용신이라 남편과 함께 부동산 중개업을 한다. 부부불화가 심하다. 관성이 약하고 부부궁에 상충살이 있기 때문이고 상관이 용신이니 남자를 무시한다.
- 午의 손상이 크니 부친의 형제는 단명자가 많고 午가 고모라면 亥子는 고모부다. 서로 상충하니 고모들은 모두 과부나 이혼녀다.
- 나의 일지 午는 남동생 時干의 癸에게는 절지이고 나의 死地인 卯 위에 있어 심장마비사했다. 子午충은 심혈관질환이나 뇌혈관질환인 경우가 많다.
- 卯가 딸인데 午는 딸 卯의 자식 즉 외손자인데 子午충으로 인해 딸이 불임이다.

7. 인수격(印綬格) 사주

丙 庚 丁 己
子 辰 丑 未 여자

- 인수격에 신강하며 土多埋金이니 子가 용신이다. 丙丁은 조후용
  신이나 반딧불 같다. 辰 중의 乙이 남편이다. 丙丁이 너무 약하고
  뿌리가 없으니 합신인 乙을 남편으로 보는 것이 정확도가 더 높
  아진다. 정재가 남편이니 아내 같은 남자라 내가 먹여 살린다.
- 괴강일주는 총명하고 논리적이며 자존심이 강하고 용모도 단정
  한데 부부 운이 좋지 못하다. 이혼 운운 중이다. 남편이 공무원
  인데 자꾸 투기를 해서 돈이 새고 빚이 는다.
- 괴강일주에 상관이 용신이라 교사다.
- 일지 辰이 자식 子의 고장지니 자식을 너무 통제한다. 자식 애
  로가 잦을 것이다. 入庫되면 제대로 능력 발휘가 안 된다.

乙 庚 戊 丙
酉 戌 戌 辰 여자

- 인수(편인)격이고 종강격과 乙庚合化金格을 겸하고 있다. 재관
  은 약하고 일주는 태강하니 재관은 오히려 기신이다. 土多埋金
  을 같이 설기해 줄 酉금이 용신이다. 양인살이 용신이라 그런지
  여자 경찰이다.

- 성격은 강하고 고집도 세고 인수성이 많아 자기중심적이다.
- 괴강일주에 정관인 丁은 입고되어있고 丙은 약하여 합신인 乙을 남편으로 보더라도 일간이 乙을 합하여 일지 戌에 입묘시키니 부부 운이 나쁘다. 남편을 숨 막히게 옭아매려 한다. 이혼을 했다.
- 재혼해서 해로하려면 남편을 너무 자기 방식대로 옭아매지 않아야 하며 많은 노력을 해서 성격을 순화시켜야 하고 언어를 순화시켜야 한다.

己 壬 辛 丙
酉 午 丑 寅 남자

- 월지에서 辛이 솟으니 인수격 사주이고 신약하니 酉가 용신이다. 일시주에 3급 소용돌이가 있어 용신이 일주에 다가서기 어려우니 無情한 사주다. 월간의 辛도 丙과 합하여 그 情이 丙寅으로 가니 역시 辛도 일간 壬과는 무정한 관계다. 有無情 관계와 氣의 흐름을 잘 살펴야 한다. 인수들이 모두 일간과 무정하니 인수의 좋은 점은 거의 없다.
- 丑午귀문, 탕화, 원진, 상천살이 있으면 가족에게 폭력적인 성향이 많다. 이런 언행을 고치지 않으면 해로하기 어렵다.
- 신약하니 財가 기신이고 丑午까지 있어 부부불화가 심하고 해로가 어렵다. 巳대운에 운에서 들어온 巳가 재성이라 아내로 보는데 巳酉丑 金局으로 사라지니 이혼했다.

- 甲辰대운
  - 戊戌년 - 신약한 일간을 강한 戊편관이 치고 일주와 4급 시주 와 1급 그리고 사주원국의 연일주에 4급 일시주에 3급 甲辰대 운이 일주와 2급 연주와 2급⋯ 모두 6개의 태풍이 몰아치니 죽고 싶은 심정이고 이혼하게 되었고 직업상의 애로와 염증까 지 생겼다.
- 배우자성 丙이 연간에 있어 조혼했다.

丙 乙 壬 壬
戌 亥 子 申 여자

- 인수격이고 신강하며 겨울나무라 丙戌이 희용신이다. 겨울나무 는 火土가 필요하다.
- 인수 과다하니 생각은 많고 행동이 뒷받침이 안 되는 게으른 성 품에 지극히 자기중심적이고 인색하다.
- 일시주에 1급 소용돌이가 있어 걷잡을 수 없는 폭발적인 성격 이 있고 상관이 용신이라 독설험구가 심하고 직선적이다.
- 정관인 申은 금침수저되고 戌 중 辛과는 천문살과 1급 태풍에 놓이니 해로가 어렵다. 결혼 날까지 받았으나 파혼 직전이고 혼 전임신 중이다.
- 甲乙 일주에 丙戌 월시는 자식의 횡액이 있다는 사주추명가의 구절처럼 이 사람도 자식의 애로가 많을 것이다. 자식궁이 丙戌

백호살이 있고 천문살도 있으며 壬水들이 丙火를 노리니 더욱 확률이 높아진다. 이기심을 버리고 고운 말을 써야 운명이 밝아질 것이다.

壬 辛 戊 甲

辰 丑 辰 寅 여자

- 인수격이고 土多埋金을 해소해 주는 壬과 甲寅이 희용신이다. 토다매금 사주는 부모 복과 공부 운이 부족하고 우울한 듯 말수가 적은 것이 특징이다. 이 명조처럼 상관이 투간한 경우에는 다변이다.
- 壬상관은 활동력, 노력, 표현력인데 물장사 계통 요식업에 종사한다. 스테이크 하우스를 운영한다. 甲寅이 강하고 희신이라 재물 운이 좋다.
- 壬이 희용신이라 자식 복이 좋다. 壬辰이 자식이라 총명한 자식들이다. 아들이 둘이다. 辰丑破에 의해 壬이 辰에 입고되는 것을 좀 막아주니 다행이다.
- 土多가 病이다. 土가 식신을 극하니 난소암으로 자궁수술이 있었다. 食傷은 여자에게는 자궁이나 유방 그리고 갑상샘이다.

8. 월지식상격(月支傷官格) 사주

乙 庚 庚 辛
酉 戌 子 卯 남자

* 金水傷官用傷官격 사주와 乙庚合火金格 사주를 겸하고 있다. 종왕격 사주도 된다. 비겁이 많아 신강하니 설기자 子가 용신이다.
* 乙 돈을 합하여 일지 戌에 입묘시키니 부동산업으로 많은 돈을 벌었다.
* 乙이 일지에 入墓하고 천간에서는 乙이 쟁합되고 合去되며 연지의 卯는 子卯 음형살에 걸려 부부궁이 약해서 세 번 결혼했다. 卯중 甲乙 시간의 乙이 있어 정편재 혼잡이다. 처를 너무 옭아매지 않아야 여생에 해로할 수 있다. 入墓시킴은 지나친 통제를 뜻한다.

己 辛 庚 丙   壬 癸 甲 乙
丑 酉 子 戌 여자   辰 巳 午 未 대운

* 금수식신용식신격 사주다. 일지에서 겁재가 솟아 이중성이고 탐욕적이다. 시주에 편인이 많아 대단히 계산적이며 인색하기 짝이 없다. 사람을 잘 이용하며 싸가지가 없다.
* 子酉 귀문살이 있고 귀문살에서 庚이 올라가니 귀문발동이라

5살에 神이 내렸다. 직업은 역술인이다.

- 시상편인이니 자식들이 잘 풀리지 않는다. 이럴 때는 잘 베풀고 타인에 대한 배려심이 있어야 자식 운이 좋아진다. 그러나 타고난 천성이 어디로 가겠는가? 자기 자신도 그런 점을 잘 알고 있다. 그런데도 고칠 생각이 없다.

- 庚 오빠가 子 死地에 놓이고 丙戌 백호의 극을 받아 군대에 가서 사고사했다. 오빠의 神이 들어왔다고 한다.

- 丙 정관이 연간에서 합해오니 고등학교 때 연애하고 졸업 후 조혼했다. 남편인 丙을 일주인 辛酉가 합사시키니 남편이 반백수였고 폭군이었다. 남편의 사주에 丑午가 있었는데 소문난 악한 남편에 악한 부친이었다.

- 癸巳대운의 대운간 癸는 남편인 丙을 극하고 운에서 들어오는 대운지 巳는 남편의 뿌리인데 사주원국의 酉丑과 巳酉丑 삼합을 해서 巳가 사라지니 癸대운에 남편이 암으로 유명을 달리했다.

- 辰대운은 용신인 子가 입고되니 이 여성이 잦은 질병에 시달릴 것이다. 자주 검진 받고 운동하고 욕심을 버려야 한다.

34 24

壬 丁 甲 壬   戊 丁
子 丑 辰 戌 남자   申 未 대운

- 火土傷官用印格이다. 신약한 일간이 甲에 의지해야 하는데 기신인 壬과 합하여 절지인 子로 合絶되고 있다. 운명이 나쁜 방향

으로 흘러가고 판단력도 부실하다. 일간과 용신이 無情해지고 氣가 나쁜 쪽으로 흘러간다.

- 丁대운 _ 戌에서 솟아 辰戌충을 유발시킨다. 사주원국에 상충살이 있을 때 대세운에서 지장간이 솟으면 상충살이 유발된다. 辰戌충이 유발되니 더욱 제정신이 아니라서 주벽이 심해지고 카드빚이 엄청 늘어났다.

- 일간이 壬水와 쟁합하니 정신이 사방으로 흔들린다. 地支도 지진 난 형상이다.

- 未대운 _ 甲용신이 입고되고 丑戌未 삼형살이 일어나니 교도소에 갈 수도 있다.

58

```
庚 己 甲 庚          戊
午 亥 申 寅   여자    寅
```

- 土金傷官用印格이다. 남편성인 甲과 寅이 모두 상관에 의해 파극되었으나 일간과 합을 해서 장생지를 얻고 있다. 남편을 번성시키는 사주이나 위험은 내포되어 있다. 결혼 후 남편의 사업이 번창일로에 있었다.

- 戊대운 _ 戊가 寅과 申에서 솟으니 당연히 寅申충이 일어났다. 丁亥년을 만나 寅亥로 합을 하니 충중봉합이 일어나 또다시 寅申충이 일어난다. 甲은 남편이자 남편의 머리나 간인데 뇌출혈로 쓰러져 반신불수가 되었다.

$$35 \quad 25 \quad 15 \quad 5$$

乙辛癸癸　　　丁丙乙甲

卯酉亥丑 여자　卯寅丑子 대운

- 金水傷官用比格인데 용신인 酉가 충되고 亥子丑 半水局에 떠내려가니 용신수상이 심하다. 단명하거나 多病할 조짐이다.
- 丁대운에 편관이 뜨고 대운지 卯는 酉를 또다시 충극시키니 딸을 낳은 후 아들을 임신한 중에 유방암 3기에 발견되었다.
- 일간은 약하고 식상이 왕하면 母衰子旺이라 하여 자식으로 인한 애로가 크거나 임신·출산 등의 애로도 있다. 예후가 좋지 않았는지 소식이 끊겼다. 마음 아픈 일이다.

乙丙辛甲　　　癸壬

未辰未戌 남자　酉申 대운

- 火土傷官用印格이다. 용신인 乙에 의지해야 할 일간이 기신인 辛과 합하여 공부는 뒷전이고 선생의 말, 모친의 말은 듣지 않고 돈이나 여자에 탐닉하는 사주다.
- 인터넷 도박에 빠져있다가 입대를 했는데 백일휴가 나왔다가 귀대하기 하루 전날 밤에 아파트에서 투신자살했다. 酉대운은 기신인 辛이 得祿을 했기 때문이다.

49

丙 甲 癸 辛　　　　戊

寅 辰 巳 丑　여자　戊

- 木火傷官用印格이다. 여름 나무라 목이 마르고 신약하니 癸인 수가 용신이나 일지가 용신 癸를 입고시키니 불길한 명조다. 일지가 나쁜 역할을 하면 운세는 더욱 불길해진다. 더구나 월과 일 사이에 1급 소용돌이가 있어 용신 癸가 일간을 돕기가 쉽지 않다. 태풍 때문에 가까이 다가오지 못하게 되어 용신과는 무정한 사주다.
- 戊戌대운 _ 용신 癸가 戊癸합으로 합去되고 대운지 戌은 용신의 뿌리가 있는 일지 辰을 충하니 암에 걸렸다. 土가 土를 치니 위암이다. 土는 소화기 계통이다.

44 34 24 14

庚 辛 庚 辛　　　乙 甲 癸 壬

寅 卯 子 丑　여자　巳 辰 卯 寅 대운

- 金水食神格이고 신왕하니 설기자 子가 용신이다. 통관신이기도 하다.
- 寅 중 丙이 남편이면 寅 전체가 남편의 기운이라고 볼 수 있다. 寅木이 남편이면 卯木도 남편이다. 재혼지명이다. 寅대운 어린 나이에 동거로 시작하여 아들 딸을 두고 살다가 甲대운에 이혼

했다. 甲대운은 寅에서 투출된 남편의 투출신인데 군비쟁재를 당하니 불화 끝에 이혼했다.

- 辰대운에는 寅卯辰 木局으로 木氣가 강해져서 연하의 총각과 동거 중이다. 나이가 많은 甲午생 남자와도 연애 중이다. 대단히 근면성실한 여성이다. 性的으로는…. 신강하고 설기가 필요하니 성욕이 왕하다. 금수상관에 조후용신인 火가 필요하니 남자 없이는 못 산다.
- 子식신이 기술성 별이니 자라 오르는 寅卯木을 자르는 이발소의 면도양이다.

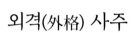

외격(外格) 사주

1. 종세격(從勢格) 사주

강한 세력에 따른다는 뜻

1) 종관살격 사주

					69	59	49	39	29	19	9
丁	己	己	辛		壬	癸	甲	乙	丙	丁	戊
卯	卯	亥	卯	남자	辰	巳	午	未	申	酉	戌	대운

- 일간은 무근하고 木局을 이룬 관살은 태왕하다. 일간을 버리지 않고 버티다가는 관살의 극을 견딜 수 없다. 강한 木에 종하는 종살격 사주다.
- 丁은 강한 木氣를 설기하여 약한 일간을 생조해야 하는데 卯木이 濕木이라 生火가 잘되지 않는다. 용신이 미약하다. 丙寅시에 태어났으면 보다 삶의 질이 좋았을 것이다. 미약한 편인이 용신

구실을 제대로 못 할 때는 신체가 왜소하고 용모는 추하다. 초등교사지만 쌍욕이 숨 쉴 때마다 나온다. 강한 편관이 殺印相生도 안 되고 制殺도 안 되고 合殺도 안 되니 폭력한 성정이 그대로 드러난다.

- 편인은 총명, 민첩, 재치, 순발력, 잔머리, 이기심, 권태, 무례함 등을 나타내는데 편인이라도 좋은 역할을 하는 사주는 편인의 장점이 나타나고 이 사주처럼 편인이 미약할 때는 좋지 못한 점들이 더 많이 나타난다.

- 종살·종재·종아격은 일간을 버리고 강한 세력을 따르는 격이라 일간이 살아나는 비겁과 인수 운이 나쁘다.

- 戊戌대운은 종격에 역행하니 극빈한 환경 속에서 죽만 먹고 살았다. 겁재대운이고 기신운이라 이복 누나가 처녀 시절에 죽었다. 공부는 뒷전이고 중2 때부터 술 마시고 행패를 부려서 경찰이 잡으러 다녔다. 가정교육 불모지에서 자라났다. 모친과 형제들도 쌍욕을 예사로 한다.

- 丁대운이 오니 용신 운이라 포기하고 있었던 대학 진학을 하게 되었다. 똑똑한 형이 서울대를 다니면서 아르바이트를 해서 이 동생을 2년제 교육대학을 진학시켜준 것이다. 그런데 대운지 酉가 왕신을 충극하고 종살격에 상극되는 운이라 2년제 교대를 8년 만에 졸업한 것이다. 그 당시에 교대생들은 입대가 면제되던 시절이었지만 말썽만 부리다가 군에 자진 입대를 했다. 가까스로 복학은 됐지만 오르간을 못 쳐서 졸업을 하지 못하고 세월이 흘러갔다.

- 丙대운이 오자 旺木이 설기되는 좋은 운이라 다니던 교대가 없

어지는 바람에 졸업장을 받게 되고 교사로 임용이 되었다. 좋은 대운이라 결혼도 하고 아들딸을 두었다. 경남에서 부산으로 영전되는 기적적인 일도 있었다. 별 노력을 안 해도 일이 술술 풀리니 점점 방만해지고 언행은 거칠어져 갔다

- 申대운이 오자 바로 분별력이 더 없어지고 바람이 나고 미친 듯이 주색에 빠져 칼 들고 설치다가 이혼을 했다.

- 申대운은 지지의 많은 木과 상극이 되고 卯申 귀문살이 세 개나 드니 미친 듯한 행동만 골라서 하게 되었다. 아들이 둘이나 달린 학부모와 혼인신고를 하고 살림을 차려서 아이 넷을 키우게 되었다. 사주원국에 자식이 많으니 실제로도 많아졌다. 참으로 사주에 충실하게 살아가는 사람이다.

- 乙未 甲午 대운은 종살격에 순응하고 관살을 설기시키는 운이라 말썽 속에서도 그럭저럭 교직은 유지가 되었다.

- 癸巳대운은 대운간 癸가 용신인 丁을 극하니 편관을 설기시키지 못한다. 癸가 돈이라서 돈 욕심이 나서 퇴직하고 커다란 헬스장을 운영하다가 2년도 못 버티고 정리를 하면서 손해가 컸다. 사주에 亥가 돈이고 처인데 亥卯未 반삼합으로 사라지는 글자라 자식 卯가 생기면 이별하는 처이고 돈은 모일 수가 없는 사주다.

- 壬대운은 丁壬합으로 木이 생기니 갑갑해도 그럭저럭 넘어갈 수 있겠지만 辰대운은 亥가 입고되면 亥卯의 합이 풀려서 편관이 약한 일간을 극할 것이다. 중병이나 사망이 예상된다.

壬 癸 己 己

戊 巳 巳 未 여자

- 종살격이고 壬水는 기신이다. 나의 일지는 壬에게 절지가 되고
  壬은 백호살에 걸려있다. 오빠가 대여섯 살쯤에 죽었다.

庚 戊 甲 壬

申 子 辰 子 여자

- 종재격에서 최종자 甲으로 가는 종살격으로 변격이 되었다. 종
  살격에는 식신이 기신이고 식신인 庚申이 금침수저되니 무자식
  이다. 이 여성에게 불임의 원인이 있다고 한다.

					47	37	27	17	7
辛	丁	癸	癸		戊	丁	丙	乙	甲
亥	巳	亥	丑	여자	辰	卯	寅	丑	子 대운

- 종살격이고 巳가 기신이니 배우자궁이 부실하다. 미혼으로 살
  아간다. 종살격답게 총명하다.

2. 일간대행격(一日干代行格) 사주

46

戊 庚 丙 己　　　辛
寅 午 寅 亥　여자　未

- 종전의 관법은 종살격의 용신은 관살이고 관살에 종하는 사주니 남편을 번성시키고 결혼 후 친정은 영락하고 시댁은 번성한다고 풀이했다. 그렇다면 종살격 사주의 이 여성은 왜 未대운에 남편과 사별했을까? 남편 생전에도 남편 복이 없었고 남편이 무책임하고 무능력했다. 관살이 강하니 남편이 유능해야 하지 않는가? 살짝 돌리면 잘 보이고 정확하다.

- 寅午 반삼합이 둘이나 있어 火氣가 충천하다. 이 강한 불에 녹아내리는 庚이 과연 일간 구실을 할 수 있을까? 일간을 바꾸어야 한다. 임금이 아주 무능하다면 반정이라도 일으켜 능력 있는 임금이 나라를 다스려야 한다.

- 丙은 일지에서 올라간 나의 표출신이고(또 하나의 나) 세력이 강하니 丙이 일간을 대행하는 일간대행격 즉 火体局이다. 丙에서 보면 亥가 편관이라 남편이다.

- 寅亥합으로 亥가 깨지니 능력 없고 이별할 남편이다.

- 未대운은 일간대행인 丙에서 보면 상관운이고 亥未반삼합으로 亥가 사라지니 사별했다.

- 일간대행 丙에서 庚은 돈인데 火局에 녹아내리니 평생 돈에 허덕이며 살아간다. 식당의 종업원이다.

- 丙의 合神인 辛丑생 남편이었고 사별 후 생긴 애인도 辛丑생이다.
- 火局에서 홀로 솟으니 제 잘난 맛에 산다.

1) 아들의 사주

丁 庚 丙 甲
亥 午 寅 子 남자

- 역시 종살격이고 일간대행하는 丙이 体가 된다. 丙에서 보면 녹아내리는 庚이 부친이다. 어찌 부친 덕이 있겠는가? 寅이 모친이 되고 寅 중에 丙이 있어 나와 뿌리를 같이하니 모자간에 많이 닮았고 팔자도 닮아간다. 丁은 여동생이다.
- 일간대행격은 종한 후를 70%, 종하기 전을 30% 정도로 감명하면 된다.

庚 乙 丙 己
辰 酉 子 酉 여자

- 乙庚합으로 乙의 情이 庚으로 가니 일간 乙과 子는 무정하다. 子의 생조를 받기 어려우니 庚으로 종하는 종살격과 乙庚合化金格을 겸했다. 강한 金의 기운을 설기시키는 子가 용신이다.

- 庚이 일간을 대행하는 金体局이다. 庚辰 일주가 되는 셈이라 두뇌명석하고 다재다능하다. 庚에서는 子가 상관이니 입과 손이 발달해서 3개 국어를 구사하고 손재주가 뛰어나니 치과의사다.
- 子가 용신이라 자식 애착이 대단하다. 모성애가 더없이 강하다. 子 중 壬癸가 있고 辰중의 癸가 있어 1남 2녀를 두었다.
- 庚에서는 乙이 부친이고 乙과 합하는 庚이 모친도 되고 나도 된다. 일간이 오직 자기 자신이라는 고정관념을 넘어서야 사주가 잘 보인다. 같은 庚이라 모녀간에 많이 닮았고 팔자도 비슷하다. 모친도 庚辰 괴강이니 아주 뛰어난 능력가라 지금 연세가 많지만, 아직 약국을 운영하는 약사시다. 모친도 1남 2녀다.
- 부친과 내 남편은 乙이다. 乙은 나의 合神이니까.

甲 戊 己 辛
寅 辰 亥 卯 여자

- 辰은 寅卯辰 木局으로 약해지고 원래 대목지토라 일간이 무근하다. 지지에 亥卯 반삼합과 寅卯辰 목국이 있어 甲은 아주 강한 편관이다. 약한 戊가 일간 구실을 할 수 없으니 甲으로 일간 대행하는 木体局이다.
- 甲이 일간이면 甲에서 정관인 辛이 남편이라고 볼 수도 있으나 辛이 무근하고 너무 멀어서 甲己로 합하는 己를 남편으로 보는 것이 더 정확하다. 甲에서 己는 정재라 아내 같은 남편이니 내가 먹여 살리고 내가 남편 역할을 해야 한다. 己는 亥 중의 甲과

도 합하고 卯 중의 甲과도 합하니 바람둥이 남편이다. 己亥가
물상법으로 보면 술단지라 술꾼이고 나약하다.

- 다른 여자와 바람을 피워서 외방자식 1남 1녀를 두었다.
- 甲은 남편인 己에서 보면 처도 되고 자식도 된다. 甲寅은 본처인
  이 여성의 딸이고 모녀간에 많이 닮았다. 甲에서 寅은 건록이라
  모녀가 다 똑똑하다. 이 여성은 초등교사이고 딸은 서울 유명대
  학병원의 간 이식 파트의 의사다. 辰 중 乙은 아들인데 평범하다.
- 결국 이혼을 했는데 이 여성의 아들딸은 이복형제가 있는 줄
  모른다. 혹시나 자식들이 호적등본을 떼어볼까 봐 이 여성은
  노심초사하고 있다.
- 일간대행격은 일간만 바뀐 것이고 일반 사주처럼 통변하면 된다.

48

戊 丙 壬 甲　　　丁
子 申 申 辰　남자　丑

- 종살격이고 壬이 일간대행하는 水体局이다. 丙이 부친이고 처
  며 돈인데 약해서 부친 덕이 없고 처덕도 없어서 수차 실연 끝
  에 독신이고 재물 운도 약하다.
- 旺水를 설기하는 甲이 용신이다. 식신이 용신이라 먹는 장사 중
  에 술장사를 한다. 申子辰 水局에서 올라간 壬이라 굽히기 싫어
  서 직장 체질은 아니다.
- 丁대운은 丁이 돈인데 壬과 합해오니 갑자기 술집이 번창해졌

다. 그러나 丑대운은 왕신입고해서 갑갑한 운이라고 말했었는데 지나고 보니 丑대운에 코로나 때문에 고전했을 것이다.

壬 丙 壬 壬
辰 寅 子 戌 여자

- 殺重用印格이라고 보고 寅편인이 용신이라고 잘못 감명할 수 있다. 이 여성이 어디에 가서 사주를 보았더니 용신인 寅이 배우자궁에 있어서 그랬는지 가진 건 남편 복밖에 없다고 했단다. 그런데 무능력하고 무책임한 남편을 만나 이혼소송 중이다.
- 丙이 寅에서 장생을 얻고 十干 중에 양기가 가장 세어서 어지간해서는 종하지 않는다는 학설도 있지만 3개의 편관칠살을 이겨내기 힘들다. 종해야 한다. 종살격이다. 그리고 시간의 壬이 体가 되는 일간대행격이다. 그리되면 남편은 합신인 戌 중의 丁火다. 입고되어 있어 능력이 없고 아내 같은 남편이라 내가 먹여 살리든지 보살펴야 할 배우자다. 원래의 일간 丙은 약하지만 일간대행하는 壬은 강하니까 외유내강하다. 時干의 壬은 壬辰 괴강주에 해당하니 아주 두뇌가 명석하다. 괴강주니 남편 애로가 생기는 것이다. 부산의 어느 대학병원의 의사다.
- 壬에서 보면 寅이 식신이라 자식인데 辰 중의 乙도 있으니 아들 딸이 한 명씩 있다. 자식들이 똑똑하고 효순할 것이다. 특히 딸이 더 뛰어날 것이다. 寅이 원래의 내 일지라 딸이고 나의 氣를 많이 받았다. 모성애도 아주 강하다. 자식 애착이 강하다.

3. 종재격(從財格) 사주

<pre>
                    41 31 21 11 1
癸 戊 癸 癸   戊 丁 丙 乙 甲
亥 辰 亥 亥 여자   辰 卯 寅 丑 子 대운
</pre>

- 辰은 旺水에 떠내려가고 흙탕물이나 일으키니 일간의 뿌리가 될 수 없어 종해야 한다. 종재격이다. 종재격은 인성이나 비겁이 기신이다. 辰은 기신이다. 그래서 형제 덕이 없고 질 나쁜 친구들과 어울려 다니며 공부는 뒷전이었다. 인성도 기신이니 반드시 인연이 나빠지는 모친과 형제가 있다. 인성이 기신이니 예의에 소홀하고 체면이 밥 먹여주나 하는 사고방식이다. 욕을 잘하는 사람들도 많다.

- 종재격은 돈에 집착하고 알뜰하며 실리를 추구하니 필요없다 싶으면 부모형제라도 싹 잘라버리는 기질이 많다. 財가 용신이다.

- 辰亥귀문이 중첩하니 분별력이 부족하고 이해 못 할 행동들이 많았다.

- 丑대운은 일간이 살아나는 기신대운이고 흙탕물이 일어나니 분별력이 아주 없어져서 가출을 밥 먹듯 하고 나가서는 어린 나이에 여러 남자와 문란하게 놀았다. 결국 고교 중퇴다.

- 丙대운도 기신운이라 따뜻한 남쪽나라 일본의 술집에 가서 접대부 생활도 했다.

- 寅대운이 오니 寅이 旺水를 泄해서 정신이 들고 한국으로 돌아와서 결혼을 해서 두 딸을 낳았다. 卯대운까지는 木운이라 설

기가 되니 무난하게 살아가겠지만 일주와 복음이 되고 기신인
戊辰 대운에는 부부 풍파나 이별이 예상된다.

丙 己 戊 庚
子 卯 子 子 남자

- 從財格이다. 丙과 戊는 무근하니 뜬구름과 같고 종재격에는 인
  성과 비겁이 기신이니 모친은 단명하셨고 형제는 서로 우애가
  없다.
- 己丑년이 오자 己丑은 기신이고 子丑합으로 재가 묶이고 흙탕
  물이 일어나며 연주 庚子와 1급 태풍(선전)이 부니 아주 갑갑한
  운이고 모든 일이 다 막혔다.
- 卯 중 甲乙이 자식이라 1남 1녀다.

19　9

壬 戊 乙 甲　　　丁 丙
戌 申 亥 子 남자　丑 子

- 申과 戌 사이에 酉가 들어 있어 金局을 형성하니 戌은 아주 약
  해서 일간을 돕지 못한다. 종재격이다. 종재격은 모친과의 인연
  이 나쁘고 형제 덕도 적으며 친구가 별로 없다. 아예 한 명의
  친구도 없는 사람도 많이 봤다.

- 丑대운 己丑년에 거듭 丑戌형으로 刑出된 모친 戌중의 丁火가 時干의 壬에 의해 合去되니 모친이 뇌출혈로 급사하셨다. 물이 불을 끌 때에는 심혈관이나 뇌혈관 질병이 많고 추락사, 익사 등이 있다. 己丑년에는 친구와의 갈등도 있었고 하사관을 하다가 전역해 버렸다.

37

辛 丁 乙 辛   己
丑 酉 未 酉 여자   亥

- 乙은 고장지 위에 있고 辛의 극이 심해 자신이 존명하기도 힘들어서 일간 丁을 돕지 못한다. 그래서 종재격이다. 오히려 乙이 기신이니 모친과의 인연이 나쁘다.
- 己亥 대운에 亥未 木局으로 乙 기신이 살아나는 불길함 속에 丁酉년이 오자 辛이 得祿하여 乙을 더욱 극하니 모친이 혈액암에 걸려 투병하다 亥대운에 패혈증으로 돌아가셨다.
- 亥대운은 기신인 乙이 강해지고 모친인 乙에게는 死地이다.
- 종재격은 대체로 부친을 많이 닮고 부친 덕이 있는 편인데 이 여성의 부친은 수백억 재산가다.

1) 종재격의 일간대행

己 丙 乙 庚
亥 戌 酉 申 남자

- 乙庚合으로 乙은 丙을 생조하지 못한다. 지지에 申酉戌 金局이 있고 乙庚合으로 金氣가 秀氣가 되어 올라가니 종재격이다.
- 庚은 金局에서 솟아 아주 강하니 허약한 일간 丙을 버리고 庚이 体가 되는 金体局이다. 庚이 일간을 대행한다. 용신은 설기자 亥인데 庚에서 멀어서 무정하다.
- 庚에서 乙은 부친이고 처다. 그리고 돈이다. 그런데 乙이 너무 약해서 부친은 장애자로 지내다가 단명하셨고, 乙에서 酉는 절지이고 나의 庚은 절신발동이라 부친을 극하는 사주이다. 처도 장애자다. 가난하다.
- 庚에서 己는 正印이니 생모이고 戌은 계모인데 원래의 일지에 있으니 계모 슬하에서 자랐다.
- 庚에서 申은 건록이라 부친무덕하고 일찍 타향으로 나가서 자수성가했다.
- 庚에서 酉는 양인살이니 칼이나 연장을 뜻한다. 전기기술자다.
- 乙庚合해서 金이 나오니 형제 같지 않은 형제라 이복형제가 있다. 金局이라 庚에서는 비겁이 혼잡되니 역시 이복형제가 있는 사주다.

己 丙 乙 庚 　　　 辛 庚 己 戊 丁 丙
丑 辰 酉 子 남자 　 卯 寅 丑 子 亥 戌 대운

- 丙은 고립무원이라 종할 수밖에 없다. 乙庚合으로 인해 乙은 丙을 도울 수 없다. 乙庚合으로 金이 秀氣가 되었고 辰酉合金으로 金氣가 가득하다. 종재격이고 허약한 일간 丙을 버리고 辰酉合金에서 올라간 庚이 일간을 대행한다. 강한 金을 설기시키는 子가 용신이다.
- 庚에서 乙은 부친, 처, 돈을 의미하는데 乙이 워낙 약해서 이러한 사항들에 대한 복이 없다.
- 부친인 乙은 절지에 있고 일간대행인 庚은 酉에서 올라온 절신 발동이라 부친 덕과 처덕이 없다. 부친은 하반신을 쓰지 못하는 장애인이었는데 이 사람이 열 살도 되기 전에 돌아가셨다. 戌대운에 돌아가셨는데 戌은 乙을 入墓시키기 때문이다. 乙은 처도 되는데 처 역시 하반신 마비의 장애인이다. 후천성 근무력증이다. 시한부다.
- 戌대운의 戌은 庚에서 보면 어머니인데 辰戌沖으로 튕겨나가니 어린 두 아들을 친척 집에 버리다시피 하고 재혼해서 가버렸다. 전라도의 어느 섬에서 가난하게 자라며 초등학교도 제대로 마치지 못했다.
- 子대운은 설기가 잘되고 용신운이라 선원 생활을 했고 어린 처녀와 동거하여 아들을 하나 낳았다.
- 丑대운은 용신인 子가 子丑合으로 묶이니 백수 생활이 시작되고 처의 장애인 수당에 얹혀서 살아간다.

- 子는 庚에서 나오는 녹슨 물이라 주벽이 심하다. 평소에는 착하고 점잖은데 술이 들어가면 독설험구에 기물파손을 하고 손찌검도 한다. 了酉 귀문살이 庚으로 발동하니 神氣가 있어 거실에 법당을 차려 놓았다. 시원찮은 신기라 손님은 하나도 없다. 점 보러 다니는 취미가 있다.

- 丙은 원래의 일간이고 庚에서는 자식이라 아들인데 설기가 심하고 생조 받을 곳이 하나도 없으며 酉가 丙의 사지이고 나 庚은 사신발동이라 자식을 극하는 사주다. 辛대운에 힘없는 丙이 辛에 합거되니 22살 아들이 도박 끝에 투신자살했다. 처음에 인터넷 도박을 시작할 때 따끔하게 나무랐어야 하는데 그냥 오냐오냐, 하는 바람에 생긴 결과다. 몇 번 얘기했는데도 애 엄마가 "잃지는 않고 부산에서 2등으로 잘한다."라는 뚱딴지 같은 말만 했다.

丙 壬 丙 丙
午 寅 申 午 남자

- 寅申충으로 申은 자기 자신이 살아남기도 힘들어 약한 壬을 돕지 못해서 종재격이다.

- 일지에서 올라간 丙이 나의 표출신이고 세력이 강해서 일간대행한다. 丙에서 보면 申이 부친이고 돈인데 군비쟁재가 되어 20억 유산을 두고 형제들끼리 소송이 붙었다. 이 사람은 장남이고 부인이 보러 와서 시동생들의 욕심이 사납다고 했다.

* 시동생 쪽에서도 형님과 형수의 욕심이 사납다고 할 건데요. 양쪽이 다 똑같네요. 서로 조금씩만 양보하시면 좋겠어요. 부럽네요. 다툴 유산이 있다는 게.

- 하늘에 해가 셋이라 서로 빛을 다투니 서로 빛이 죽는다. 3형제라고 한다.
- 종재격 사주라 인성이나 비겁이 忌神이니 모친은 장수하지 못하셨고 형제들은 소송 전이다. 부모 형제라도 필요없다 싶으면 싹 잘라버리는 게 종재격의 특징이다.

25

戊 丁 庚 乙   癸
申 酉 辰 卯   여자   未 대운

- 일간 丁에서 乙卯는 멀고 乙庚합으로 묶여서 일간을 돕지 못한다. 丁은 무근하고 乙庚합으로 秀氣가 된 金은 아주 강하니 종재격이다.
- 허약한 일간 丁을 버리고 일지에서 올라간 庚으로 일간을 대행한다. 庚은 일지에서 솟아 나의 표출신이기도 하고 金局에서 올라와 세력이 강하니 金体局이 된다.
- 많은 金 속에서 홀로 우뚝 솟으니 군계일학이라 똑똑하고 자존심이 강하며 굽히기 싫고 제 잘난 맛에 산다. 맏이거나 맏이 역할을 하며 멀리 보는 안목도 있고 준비성도 좋다.
- 庚이 体가 되므로 庚辰 괴강일주가 되는 셈이니 부부불화는 심

하다. 庚과 합하는 乙卯가 남편이고 丁을 남편으로 참조하기도
한다. 乙卯가 남편이라 그런지 乙卯생 남편을 만났다. 천간끼리
는 乙庚합하고 지지로는 卯辰 破殺이 들어서 남들 보기엔 잉꼬
부부이고 내적 갈등은 심하다. 더구나 괴강일주다.

- 庚에서 申은 건록이고 약하나마 丁 정관도 있어 공직계통이니
  초등교사다.
- 金이 많아서인지 각이 진 네모형 얼굴이다.
- 자식은 申 중의 壬이 아들이고 辰 중의 癸가 딸이다. 나의 일지
  에 있으니 딸이다.

				49	39	29	19	9	
庚	壬	丙	壬		辛	壬	癸	甲	乙
戌	寅	午	寅	여자	丑	寅	卯	辰	巳 대운

- 燥土不生金이라 戌은 庚을 생조할 수가 없고 따라서 庚도 壬을
  도울 힘이 없다. 寅午戌 火局에서 녹아내리니 자기 자신이 살아
  남기도 힘들다. 종해야 하니 종재격이다.
- 丙은 일지에서 올라간 나의 표출신이기도 하고 火局에서 솟아
  매우 세력이 강하니 丙으로 일간을 대행하는 火体局이다.
- 성격은 약한 壬이 강한 丙에 종하니 여린 듯 강인하고 고집이
  세다. 외유내강하다. 丙에서 寅이 편인이니 총명하고 재치와 순
  발력이 좋다. 火局에서 홀로 솟아 군계일학이니 공주병이 좀 있
  다. 자존심이 강하고 굽히기 싫어한다. 독선적인 면이 좀 있다.

- 丙에서 寅은 모친이고 寅이 둘이니 부친이 재혼이고 火局이 있고 비겁이 혼잡하니 이복형제가 있다. 부모가 다 재혼이다.
- 丙体局에서 보면 庚은 부친이고 戌 중의 辛은 모친의 또 다른 남편이다.
- 굽힐 수 없는 성격이라 자영업을 쭉 해왔으나 많은 불속에 金이 녹아내리니 자영업을 수차 실패했고 寅대운까지 고전이다.
- 丙에서는 壬이 관성인데 증발되는 물이라 남편으로 보기 어렵다. 戌중의 辛이 합신이라 남편인데 火局에 녹아내리고 있다. 辰대운에 남편의 본거지인 戌을 치니 충출된 辛金이 旺火에 극이 되어 결혼 8개월 만에 이혼했다.
- 辛대운은 丙의 합신이 되는 운이라 재혼 욕구가 높아졌다. 재혼해도 해로는 어렵다. 그 성격이 어디로 가겠는가

癸 戊 癸 癸
亥 辰 亥 亥 남자

- 종재격이다. 旺水에 떠내려가는 辰이 일간의 뿌리가 될 수 없다. 일지에서 올라간 나의 표출신이자 강한 세력을 지닌 癸가 일간을 대행한다.
- 癸에서는 火가 없으니 合神인 戊를 아내로 본다. 정관이 아니니 남편 같은 처라 연상녀를 만났다. 보통은 남편의 나이가 아내보다 많은 편이니 남편 같은 아내이고 맞벌이하는 아내다. 위로는 합하고 지지로는 귀문 원진살이 끼어 불화 끝에 별거 중이다.

戊 甲 甲 甲

辰 辰 戌 辰 남자

- 辰戌沖으로 일간 甲이 無根하고 土多로 인해 종재격이 되었다. 일지에서 올라간 나의 표출신이자 강한 세력을 지닌 時干의 戊가 일간을 대행한다.
- 홀로 솟은 戊가 군계일학이라 일인자격이고 머리도 좋고 인물도 반반한데 왕자병이 좀 있다. 戊라는 일간에서 보면 甲이 직업인데 무근하고 힘이 없어 직장 체질은 아예 아니고 김태춘파의 조폭 생활을 하다가 돈놀이로 직업이 바뀌었고 지금은 백수가 된 지 오래다.
- 지지가 요동을 치니 주벽과 언어폭력이 심하다.
- 戊에서 보면 辰 중의 癸가 아내인데 지지가 요동을 치니 이혼하고 재혼했는데 지금 바람까지 피우고 있다.
- 모두 연상녀들만 인연이 얽히는데 辰 늦봄 속에 들어 있는 癸라 늙은 여자 즉 연상녀다.

4. 종아격(從兒格) 사주

壬 辛 壬 壬
辰 巳 子 寅

- 巳는 辰에 심하게 설기되니 巳 중의 庚은 장생지를 잃게되어 일간인 辛을 도울 수가 없다. 從兒格이다. 일간이 약해서 종하는 종재, 종관살, 종아격은 인수성이나 비겁이 기신이다.
- 하나 있는 오빠가 지지리도 안 풀러서 이 여성의 돈을 많이 뜯어갔다. 從兒는 자식에 종하는 형상이고 자식인 旺水는 寅에 설기되니 좋은 명조다. 아들이 아이돌 가수로서 이름을 날리고 있다.

乙 癸 甲 甲
卯 卯 戌 辰 여자

- 종아격이다. 印比가 기신이다. 부모 형제와 떨어져 멀리 미국에서 수십 년째 살고 있다.
- 종아격들은 식상이 왕해서인지 多辯이고 특히 이 여성도 지독한 다변이다. 정서가 좀 불안해 보일 정도로 말이 많다.
- 종아격은 식상으로 종해서 관살을 극하니 종아격 女命은 남편복이 없다.
- 자식인 乙이 들어 있는 辰이 첫 남편인데 연주에 있어 조혼을

했고 상충살이 있어 일찍 이혼했다. 딸 하나 있다.

- 戌은 두 번째 남자이고 내연의 관계다. 丁이 들어 있어 돈이 많은 교포 의사다. 戌은 늦가을이라 아주 나이가 많은 늙은 남자다.

				60	50	40	30	20	10
丙	乙	丙	乙		壬	辛	庚	己	戊	丁
戌	巳	戌	未	여자	辰	卯	寅	丑	子	亥	대운

- 이 사주를 종아격으로만 본다면 남편 복이 없고 자식의 횡액이 있어야 하지만 남편은 성실하고 좋은 직장에 다녔으며 아들 둘은 의사다.
- 약한 乙이 많은 불에 타고 뿌리가 없어서 종해야 한다. 종아격인데 丙이 일지에서 올라간 나의 표출신이기도 하고 세력도 강해서 일간으로 본다.
- 丙에서 보면 巳 중의 庚이 부친이고 시어머니며 모친은 乙인데 乙이 둘이라 부친에게 평생을 같이한 첩이 있다.
- 丙에서 보면 많은 불이 비겁인데 비겁이 혼잡되어 이복 여동생이 하나 있다. 丙에서 보면 戌 중의 辛이 남편이다. 丙에서는 관성이 없고 합신인 辛만 있어 배우자로 본다. 丙에서 보면 辛이 정재라 아내 같은 남편이라 자상하고 알뜰한 남편이다.
- 이 사주의 용신은 많은 불을 설기시키는 戌이 용신이라 자식 복이 있고 용신 속에 들어 있는 辛이 남편이라 남편 복이 좋다.
- 이 여성도 지독한 다변이다. 듣고 있으면 머리가 아플 정도로

역의 향기 종합편

몇 시간이고 남편 자랑, 자식 자랑….

- 남편인 辛이 들어 있는 戌이 아들이고 두 개니 아들이 둘이고 연지의 未土는 첫딸이다.

- 乙은 丙에 설기되고 丙은 戌에 설기되니 病的으로 부지런하고 다변이고 살이 찔 여가가 없다.

- 甲乙일주가 丙戌의 月時를 만나면 자식의 횡액이 있다고 하는 추명가의 구절은 正格 사주에만 해당되는 것 같다.

- 戌남편궁에서 戌가 투간되는 戌대운에 연애결혼했고 혼전임신을 했는데 그 이유는 남편이 들어 있는 戌보다 未(딸)가 먼저 나와 있기 때문이다.

- 亥대운에는 巳亥충으로 丙의 祿을 치니 타향 유학(여상 졸)을 했고 왕신충극이라 공부는 뒷전이고 학생 신분에 맞지 않게 성관계가 많았다. 祿을 치거나 왕신충극이 오면 변화 운이고 집중력이 저하된다. 판단력도 부실해진다.

- 辛대운은 戌에서 투출된 辛이 남편인데 월간의 丙에 합거되니 남편이 느닷없이 실직을 했고 질병까지 생겼다.

- 壬대운은 월간의 丙이 극되니 형제운이 나빠진다. 이복 여동생이 암으로 사망했다.

$$51 \quad 41 \quad 31 \quad 21 \quad 11 \quad 1$$

丁 庚 壬 壬　　　戊 丁 丙 乙 甲 癸

丑 子 子 子　남자　巳 辰 卯 寅 丑 子　대운

- 丑은 子丑合으로 떠내려가니 일간의 의지처가 못 된다. 종아격이고 약하디약한 일간 庚을 버리고 일지에서 올라간 나의 표출신이자 세력이 아주 강한 월간의 壬으로 일간을 삼는다.

- 壬에서 보면 丁이 아내다. 丁壬合하여 子 절지로 끌고오니 부부궁이 불길하다. 결혼과 거의 동시에 아내가 결핵에 걸려 오랜 세월 고생하고 있다.

- 약한 庚이 강한 壬으로 종하고 壬에서 보면 子 양인살이 셋이나 있으니 아주 강인하고 고집이 세다. 양인살이 많으니 부친덕과 처덕이 없다. 금전운도 약하다. 통관을 시켜줄 木이 없어 재물 운이 좋지 못하다.

- 굽히기 싫은 강한 성정 때문에 퇴사하고 辰대운 36세부터 사업을 하나 旺神 入庫운이라 고전중이다. 丁대운이 壬에서 볼 때 정재운이지만 운에서 丁이 들어오면 쟁재가 되므로 손해가 더 커질 것이다.

- 癸丑대운은 더욱 신강해지고 설기처는 없으니 집안 형편이 어렵고 설기가 안 되어 키도 자라지 않았다.

- 甲寅대운은 설기가 잘되고 식신생재가 되는 운이라 집안 형편도 풀려 대학에 갈 수 있었다.

- 戊대운은 경쟁자인 연간의 壬을 제거하므로 호전될 것이다.

- 午대운은 왕신충극하고 아내인 午가 튕겨 나가니 처의 질병이

더 심각해질 것이고 壬에서 보면 午가 돈이니 손재가 예상된다.

- 설기가 잘 되어야 키가 성장할 수 있다. 설기가 잘 안되는 사주
는 작은 키에 비만한 경우가 많다.

58 8

甲 癸 戊 乙   甲 己

寅 卯 寅 未   여자   申 卯

- 종아격이다. 약한 水가 강한 木에 종하니 여린 듯 강인하다. 甲
이 일간을 대행하니 癸가 모친인데 설기가 심해서 장수하기 어
렵다. 甲에서 보면 戊는 부친인데 木의 극이 심해서 卯대운에 3
년 간격으로 부모가 다 돌아가셨다.

- 甲에서는 寅이 건록이고 卯가 양인살이니 부친무덕하다. 卯대
운에 木氣가 더욱 강해지니 부친인 戊를 극하고 모친인 癸는
더욱 설기된 탓이다.

- 사주의 강한 木을 설기하는 火가 용신인데 寅중의 丙이라 용신
이 허약하다. 火는 甲에서 보면 식신 즉 아이 식품 손등이니 아
이들 상대의 음식장사를 한다.

- 甲에서 보면 金이 남편성인데 주중에 없으니 합신인 未중 己가
남편이다. 甲에서는 정재가 남편이라 아내 같은 남편이고 내가
보살피고 먹여 살려야 하는 남편이다.

- 甲에서 己는 멀고 寅未 귀문살에 걸려 부부 갈등이 심하다.

- 甲 일간대행이 아주 강하니 고집이 세고 성질은 아주 급하다.

건록이 둘이나 있으니 내 몸이 모두 셋인 형상이라 남의 집 살림까지 신경을 쓰는 오지랖이 넓은 사람이다. 건록은 또 하나의 내 몸이다.

5. 종왕격(從旺格) 사주

비겁으로 종하는 사주이니 일간이 약하지 않다. 약해서 종하는 사주가 아니라 아주 신강하다. 그래서 財나 官으로 꺾을 수 없다. 오히려 財官이 기신이다. 설기자가 용신이다.

19

戊甲己乙　　丁
辰子卯亥 남자　丑

- 辰은 대목지토라 木의 성질이 많아서 戊辰이 용신이 될 수는 없다. 비겁이 왕해 종왕격이다. 종왕격에는 재관이 기신이다.
- 丑대운이 기신운이고 정재운이라 영국에 어학연수를 갔다가 11살 연상의 중국 여성을 사귀었는데 그 여성은 이미 두 번의 이혼 경력이 있고 아들까지 한 명 출산한 경력이 있다. 그 여성의 직업은 변호사라고 한다. 우한 출신이다. 모친의 격렬한 반대에도 불구하고 둘은 혼인신고를 하고 동거를 했다. 丑대운의 丑은

늦겨울의 정재라 늙은 여자와 얽히게 됐다.

- 모친의 속은 시커멓게 탔다. 몇 달 후 쌍방폭행으로 고소를 하는 바람에 자동으로 이혼이 되었다.
- 신강하여 火가 용신인데 火는 食傷이라 자유로운 영혼이다. 취업하지 않고 과외를 했는데 불경기에 학생이 대폭 줄자 취업을 했다. 그러나 직장 생활이 길지는 않을 것이다.

23 13 3

壬 壬 丁 甲　　甲 乙 丙
子 子 丑 子 여자　戌 亥 子

- 비겁이 중중하니 종왕격이다. 외유내강하고 고집이 세다. 약한 丁은 壬子에 합절되고 丁壬합으로 甲의 생조를 받을 수 없어 丁은 아주 미약하다.
- 旺水는 甲木을 향하니 甲이 용신이다. 식상이 자유로운 영혼이라 얽매이지 않는 직업인 화가다. 미혼으로 독신이다.
- 丁은 부친성인데 위와 같이 미약하니 일찍 이별할 조짐이 있다. 丙대운 5살에 운에서 들어온 丙이 편재라 부친이고 강한 壬水의 극을 받아 부친과 사별했다. 양인살이 겹치니 부친 덕이 없다. 건록이나 양인이 있는 사주들은 부친 덕이 적고 일찍 타향이나 타국으로 가는 경우가 많다.
- 戌대운에 丑戌형으로 丁壬의 합이 깨져 하던 일을 중단하고 독일로 갔는데 戌이 관이고 종왕격에는 기신운이라 직업 애로와

이성으로 인한 애로가 많았다.

- 丑 중의 辛은 미약하고 입고되어 모친으로 보기 어렵고 부친성인 丁과 합하는 壬이 모친도 되고 나도 되니 모녀간에 많이 닮았고 팔자도 닮아간다. 부부 운이 나쁜 것이 닮았다.
- 丁은 고모라고 볼 수 있는데 2개의 壬水를 만났으니 남편 복이 온전할 수가 없다. 일찍 과부가 되셨다. 丁은 부친도 되고 부친의 형제도 되는데 강한 壬子에 합절되니 숙부가 요절하셨다.

丁 戊 甲 甲
巳 戌 戌 辰 남자

- 從旺격이고 甲이 무근하여 오히려 기신이다. 지지로 辰戌의 충까지 있어 딸은 영국인과 결혼하여 멀리 타국에서 살고 아들은 서울에 사는데 24살 어린 나이에 이미 혼인신고와 이혼이 일어났다. 그것도 11살 연상의 두 번 이혼한 경력이 있는 중국 여성과…
- 괴강일주라 두뇌 명석하고 官이 약하고 많은 土 속에서 홀로 솟은 土라 굽히기 싫고 일인자 사주라 직장에 다니지 않고 단 혼자서 제조업을 하고 있다. 金으로 설기해야 하는 사주니 기계 부품을 제작한다.
- 巳戌귀문이 둘이나 있으니 매우 예민하고 그로 인해 시력에 큰 장애가 생겼다.

癸 辛 丙 辛
巳 丑 申 丑 여자

- 巳酉丑 金局으로 巳는 사라지고 丙辛合으로 丙도 합거되니 용신이 될 수 없고 종왕격 사주에 오히려 기신이다.
- 官이 기신이라 남편 애로가 많다. 딸 둘을 낳은 후 남편이 이 여성의 친구와 바람이 나서 이혼하고 다른 남자와 20년 정도 동거하다가 헤어졌다.
- 첫 남편 丙은 사방에 合이 많아서 바람둥이고 세 번 이혼했다. 이 여성이 첫 부인이다. 남편 丙에서는 金들이 돈이고 여자들이니 돈은 넉넉한 편이고 여자는 더더욱 많다.
- 이 여성의 성격은 비겁이 많아서 탐욕적이고 아주 사납고 욕을 수준급으로 잘한다. 癸로 설기해야 하니 癸가 강하게 준동된다. 식신이라 고운 입인데 이렇게 강하게 작용할 때는 말이 하수구급이다.
- 癸水가 용신이라 주로 물에 관련되는 술장사, 화장품 장사를 했다.
- 丙辛合水가 둘이고 水가 나오니 자식 같지 않은 자식이라 남편의 후처들이 둘 다 자식들을 낳았다. 남편인 丙의 입장에서도 水는 자식이다. 세 여자로부터 자식을 다섯이나 낳았으니 진정한 애국자다.

戊 壬 壬 丁　　　丙
申 子 子 巳　여자　辰

- 申 중의 戊는 약해서 쓰지 말라고 했으니 戊의 뿌리가 되지 못한다. 巳 중의 戊도 너무 멀다. 丁巳는 두 개의 강한 壬子에 합절되니 용신이 아니고 기신이다. 이 사주는 종왕격이고 종왕격에는 재관이 기신이다.
- 辰대운까지 미혼이고 직업도 없다. 辰대운은 왕신인 水를 入庫하니 흉한 운이라 난소암에 걸렸다. 박사과정 준비 중이나 갑갑하다. 水命人이고 편인이 장생지라 총명하다.

6. 종강격(從强格) 사주

강한 인수에 종하니 일간이 신강하다. 태강한 일간을 財官이 꺾을 수 없으니 財官이 기신이고 설기자가 용신이다. 인수가 왕하면 지극히 자기 중심적이고 인색하다. 생각(인수)은 많고 행동력(식상)은 처진다.

乙 甲 癸 癸
亥 辰 亥 亥　여자

- 종강격이다. 재관이 기신이다. 관성이 없으니 합신으로 배우자를 찾아야 한다. 일지의 戊와 명암합하는 癸가 남편이고 癸가 둘이니 재혼지명이다. 연간이 첫 남편이고 월간이 재혼 남편이다.
- 火가 자식인데 없으니 나의 표출신을 기준으로 찾아야 한다. 나의 표출신 癸에서는 甲乙이 자식이다. 첫 결혼에서 아들을 하나 낳았다.
- 丑대운은 丑 중 辛이 운에서 들어온 정관 즉 남편인데 亥子丑 水局에 떠내려가고 辰丑 破殺이 들어 이혼했다.
- 甲은 떠다니는 浮木이라 土에 뿌리를 박으려 하니 돈따라 떠도는 보험영업직이다.

乙 乙 癸 戊
酉 亥 亥 辰 남자

- 戊癸로 戊는 합절되고 辰은 旺水에 떠내려가니 戊辰이 용신이 될 수는 없다. 酉金의 생조를 받는 水가 넘치는 종강격이다.
- 종강격에는 재관이 기신이라 직업 운이 부실해서 회사원인데 이직을 수차 했으며 부친은 일찍 사별했다.
- 부친 戊辰과 모친 癸亥는 서로 귀문원진살이라 부친 생전에도 부모끼리 불화가 심했다.
- 財가 기신이고 약하니 부부 운이 나쁘다. 애 딸린 여자와 결혼해서 부부간에 자식 하나를 낳은 후 고부갈등으로 이혼했다. 辰亥귀문은 아내 辰과 모친 亥 사이의 갈등도 된다. 모친 亥는

부친 辰과 불화 끝에 사별하고 머느리인 辰과도 불화 끝에 이혼하게 만들었다. 종강격은 모친을 닮는 편이지만 모친의 영향력도 크다.

庚 癸 戊 壬
申 酉 申 申 여자

- 인수성이 많아서 종강격이고 財官이 기신이라 결혼할 뜻이 없다고 한다.
- 인수가 많아 자기중심적이고 고집이 세고 인색하다. 자기도 그 점을 알고 고치려고 하나 잘되지 않는다고 했다.
- 인수성이 많으니 생각은 많고 실천을 더딘 형상이다. 게으르고 잠이 많다. 인수는 생각, 식상은 행동, 노력이다.
- 종강격은 인수를 따르니 모친의 영향력이 크고 많이 닮는다.
- 남편인 戊土를 일주가 습死시키니 부부궁이 불길하다. 독신이 낫다.

癸 辛 丁 己
巳 酉 丑 丑 남자

- 丁은 土를 생하고 土는 다시 金을 생하니 종강격이다. 용신은 설기자 癸인데 약한 것이 흠이다. 약해서 더욱 강하게 작용시키

려 하니 癸는 원래 고운 입이지만 상관처럼 되어 독설험구가다.

- 월과 일주에 4급 월과 시주에 4급 소용돌이가 있어 매우 다혈질이다. 편관이 일간에 바짝 붙어있어도 신경질이 심하다.

- 酉건록이 있고 재관이 기신이라 부친과의 인연이 좋지 못해 양자로 가서 다른 집에서 양육되었다. 土 인수성이 많으니 두 어머니를 두는 팔자다.

- 종강격에는 財와 官이 기신이고 丁 자식은 丁丑백호에 걸려 있고 설기가 심하며 癸가 노리고 있다. 巳 자식은 巳酉丑 金局으로 완전히 사라지니 자식이 한 명 요절했다.

- 財星이 없으니 合神으로 배우자를 찾아야 한다. 일간 辛과 합하는 巳 중의 丙이 아내다. 역시 기신이고 三合으로 사라지니 부부 불화가 극심했다.

- 인수성이 많으니 자기중심적이고 고집이 세다.

- 다혈질을 줄이고 배려심을 가지며 이기심을 버리고 말을 곱게 했다면 자식의 죽음을 면했을지도 모른다. 자기 성질대로 다 부리고 살면 인생살이가 더욱 꼬여 든다.

丁 乙 癸 丁
亥 亥 丑 未　여자

- 亥子丑 水局이 있고 水가 천간에 투출되고 水氣가 강하여 종강격이다. 역시 재관이 기신이라 부친은 단명하셨다.

- 丑 중 辛은 水局에 떠내려가고 入庫되어 너무나 미약하니 남편

으로 보기 어렵고 합신을 찾아야 한다. 일지의 壬과 합하는 丁이 남편인데 둘이니 재혼지명이다.

- 연간 丁이 첫 남편이나 癸丑이 천충지충하니 자식 하나 낳은 후 이혼했고 시간의 丁은 재혼 남편인데 이 여성의 자식을 양육하고 있다.

- 官이 기신이니 재혼 남편은 직업 운이 부실하여 사업하다 접고 8년째 백수다. 재혼 남편은 세 번 결혼했다. 이 여성이 세 번째 부인이다.

54 44 34 24 14 4

辛 壬 壬 丁　　　戊 丁 丙 乙 甲 癸

丑 申 子 酉　여자　午 巳 辰 卯 寅 丑　대운

- 종강격이다. 인수가 많으니 자기중심적이고 지독하게 인색하다.

- 子酉 귀문살에서 壬과 辛이 발동되니 귀문발동이라 하며 神氣가 있다.

- 월간의 壬과 丁을 두고 쟁합하니 월간 壬보다 더 빨리 뛰어야 丁과 합할 수 있다. 운동신경이 발달했고 탐욕스럽다.

- 재관이 기신이니 부친 덕이 없다. 일지에 있는 申이 모친이다. 편인이지만 申 중의 壬水는 나의 뿌리가 되기 때문이다. 申子 半水局으로 申이 금침수저되니 卯대운에 모친이 질병으로 돌아가셨다. 卯대운에 돌아가신 이유는 申 모친의 표출신이 壬인데 壬에서는 卯가 死地이기 때문이다.

- 그 바람에 혼기가 늦어져 丙대운에 결혼했으나 재관이 기신인 사주라 남편이 하는 일이 풀리지 않는다.
- 甲寅 乙卯 대운에는 旺水를 설기해주니 그런대로 잘 흘러갔다. 일본어 가이드도 했고 호텔 면세점에서 근무해서 잘 벌었는데 丙辰과 丁巳 대운은 모두 기신운 이고 군비쟁재 운이라 타로나 역학 등으로 연명하고 있다.
- 겨울철 한랭한 사주라 관절염이 있고 성격도 밝지 않고 월지가 양인이라 솔직하지도 않다. 水가 많아서인지 피부도 검다.

화격(化格) 사주

1. 갑기합화토격(甲己合化土格) 사주

甲일이 月이나 時干에서 甲己를 만나고 土旺之節에 태어나 甲이 완
전히 土로 化한 사주이며 土와 상극되는 水木운은 나쁘고 火土운
은 좋으며 金운은 무난하다. 쟁합을 싫어한다.

25

己 甲 丙 戊   己

巳 辰 辰 辰 남자   未

- 甲己合化土格 사주다. 甲이 土化 되니 己가 体가 되고 합신인
  甲이 아내다. 辰巳 지라살에 놓이고 辰辰 自刑으로 지지가 요동
  치고 부부궁이 흔들리니 부부 운이 나쁘다.
- 未대운에 약한 甲이 未에 입고되니 임신한 애인과 결혼택일까
  지 했는데 파혼할 지경에 이르렀다.

- 甲이 이렇게 약하면 뇌혈관이나 간 계통이 나쁠 수가 있다.

己 甲 戊 戊
巳 子 午 戌 여자

- 子午충으로 子가 강한 午에 沖去되어 甲己合化土格이 성립된다. 子는 기신이다.
- 己가 体가 되면 甲이 남편이고 戌 중의 辛과 巳 중의 庚이 자식이 된다.
- 子가 부친이고 돈인데 기신이고 沖去되니 부친이 무능하셨고 가난하게 살았다. 남편이 공장을 하다가 빚이 져서 형사 고발되어 재판 중이다.
- 戌 중의 辛이 첫 자식이고 아들인데 午戌火局에 녹으니 지적장애인이다.

甲 己 癸 丙
戌 巳 巳 午 남자

- 甲己合化土格이다. 일간인 己가 강해서 일간이 바뀌지는 않는다.
- 甲이 직장이고 자기의 머리인데 근무 중에 머리를 다쳐 구사일생했으나 인지능력이 떨어져 재활치료 중이다.

<pre>
                            29 19 9
   甲 己 戊 戊   乙 丙 丁

   戌 丑 午 子   여자   卯 辰 巳
</pre>

- 甲己合化土格이다. 子가 기신이다. 子는 부친인데 기신이고 子
  午충을 받아 단명하셨다.
- 甲이 남편인데 戊 뜨거운 자갈밭에 뿌리를 내리기 어렵고 丑戌
  刑까지 있어 일찍 사별했다. 卯대운에 卯戌로 합하니 丑戌刑이
  유발되고 기신 대운이기 때문이다.

2. 을경합화금격(乙庚合化金格) 사주

乙이나 庚일간이 월간이나 시간에서 乙庚의 합을 만나고 金旺之節
에 태어나면 성립된다. 金의 氣를 거스르지 않는 土金운은 좋고 상
극하는 木火운은 나쁘다. 설기를 하는 水운은 좋다.

<pre>
   庚 乙 丙 己
   辰 酉 子 酉   여자
</pre>

- 乙庚合化金格에 종살격을 겸했다. 용신은 강한 金을 설기시키
  는 子다. 단순하게 종살격으로만 본다면 어리고 예민하고 소심

하고 매사에 소극적인 여성일 것이다. 그러나 庚이 일간을 대행하는 金体局이다.

- 乙庚合으로 金이 秀氣가 되어 金이 더욱 강해지고 일지에서 올라간 庚이 나의 표출신도 되고 乙과 합한 합신도 되니 모든 기운이 庚으로 모인다.

- 庚辰 괴강일주인 셈이라 두뇌명석하고 다재다능한 의사다. 子상관이 용신이라 손재주가 있고(庚에서는 子가 상관) 3개 국어를 구사한다. 대단히 활동적이고 체력이 좋다. 부지런하고 에너지가 넘친다. 괴강주라 용모도 단정하다.

- 쌍귀문살이 庚으로 발동하니 직감이 빠르고 형이상학적인 학문인 역학에도 조예가 있다.

- 나는 남편 같은 아내 庚이고 庚과 합하는 乙이 남편이다. 내가 대소사를 알아서 다 처리한다.

- 乙은 부친이고 乙과 합하는 庚은 어머니도 되고 나도 된다. 일간이나 体가 오직 자기 한 사람을 나타낸다는 고정관념을 버려야 눈이 밝아진다. 모친과 나는 닮은 데가 많고 팔자도 닮아간다. 나는 의사, 모친은 약사시다. 모친의 연세가 많으시지만, 아직도 약국을 운영하고 계시다. 나는 1남 2녀를 두었고 모친도 1남 2녀를 두셨다. 모친도 집안 대소사를 남편 같은 역할로 처리하신다.

$$36 \quad 26 \quad 16 \quad 6$$

乙 庚 庚 壬　　　丙 丁 戊 己

酉 寅 戌 子 여자　午 未 申 酉 대운

- 乙庚合化金格이다. 설기하는 壬子가 용신인데 일간에서 멀어서 無情하고 쟁합이 있는 것도 좋지않다.
- 戌 중의 丁이 첫 남편이고 남편궁 戌에서 丁이 투출되는 丁대운 29살에 결혼했으나 壬이 丁을 合去하는 바람에 즉시 불화가 시작되었다. 극심한 불화 끝에 未대운에 未가 남편의 본거지인 戌을 쳤기 때문에 이혼을 했다.
- 丙대운은 寅에서 투출되었고 편관운이라 연하남과 동거하여 자식을 낳았다. 寅 초봄의 남자라 연하남이다.
- 寅편재는 寅午戌 火局에서 타서 사라지고 정재인 乙은 군비쟁재 되니 생활고가 심하다.
- 寅을 부친으로 보면 火局에 타서 사라지고 乙을 부친으로 봐도 강한 庚들에 의해 합거되니 부친이 일찍 돌아가셨다.
- 乙을 부친으로 보면 庚들과 두 번의 합이 있으니 재혼하셨고 월간의 庚이 부친의 전처이고 일간의 庚은 원래의 내 일간인지라 나와 인연이 깊으니 나의 생모이고 후처시다.

64 54 44 34

庚乙戊甲　　　辛 壬 癸 甲

辰未辰辰 여자　酉 戌 亥 子

- 乙庚合化金格에 종살격을 겸하고 있으며 재관이 기신이고 설기자 물이 용신인데 辰 중에 입고된 癸밖에 없다. 水가 없어 갑갑한 운명이고 水는 일간대행인 庚에서 보면 식상이라 水를 갈구하니 생활력도 강하고 활동적이고 성욕도 대단하다.

- 子대운부터 돈놀이와 사업을 하여 돈이 모이기 시작하나 돈 벌어서 남자들 밑에 다 쓴다.

- 庚이 일간대행이고 합신인 乙이 남편인데 강한 庚에 합거되니 별 능력이 없고 양에 차지 않는 남편이다(밤낮으로).

- 乙이 남편이면 甲도 재혼할 남편이거나 애인이다. 이 여성이 쉴 새 없이 바람을 피운다. 불화가 극심해져서 이혼했고 애인들도 길게 가는 인연이 없다.

- 영세명으로만 이름이 알려져 있는데 그 이름의 주인공인 성녀님께 부끄러운 일이니 제발 실제의 자기 이름을 사용했으면 좋겠다.

乙 庚 壬 庚
酉 辰 午 子 여자

- 乙庚合化金格이고 용신은 설기자 壬과 子다.
- 午는 연간 庚의 남편이니 자매나 남의 남자다. 언니가 子午충으로 부부가 이별했다.
- 내 남편은 합신인 乙이고 그 뿌리는 내 일지 속의 乙이다. 괴강 일주라서 아주 똑똑하고 강하고 야무지다. 배움은 짧다.
- 일간 庚에서 乙은 정재니 아내 같은 남편이고 모든 사업수완은 이 여성의 머리에서 다 나온다. 남편 乙은 여리고 귀가 얇아 여러 번 돈을 날렸다.
- 식신이 용신이라 입이나 손으로 먹고사는 형상이라 부동산 중개업 등으로 많은 돈을 벌었다.
- 乙이 쟁합되니 절대로 동업이나 돈거래 등은 하지 말아야 한다.

3. 병신합화수격(丙辛合化水格) 사주

丙이나 辛일간이 월, 시간에서 丙이나 辛의 합을 만나고 水旺之節에 태어나거나 사주에 水가 왕해야 성립된다. 물과 서로 상극이 되는 火土운은 나쁘고 金水운은 무난하고 설기되는 木운이 가장 좋다.

$$58\ 48\ 38\ 28\ 18\ 8$$

丙 辛 壬 壬　　戊 丁 丙 乙 甲 癸

申 丑 子 午　남자　午 巳 辰 卯 寅 丑　대운

- 丙辛合化水格 사주다. 癸丑대운은 설기가 되지않는 갑갑한 운이고 춥고 배고픈 시절이다. 고졸로 그쳤다.
- 甲寅대운은 旺水가 설기되는 좋은 운이라 교원자격시험에 합격하여 초등학교의 준교사가 되었다. 甲寅이 재성 운이라 조혼하여 2남 1녀를 낳고 근검절약하여 착실하게 돈을 모으며 행복한 세월이었다. 구두 밑창을 기워서 신을 정도로 알뜰살뜰했다.
- 乙卯 대운도 좋았다.
- 丙대운이 오자 운에서 들어온 丙이 자식인데 壬壬의 극을 받아 한쪽 눈이 실명했고-물이 불을 끄니 눈을 다쳤는데 火는 눈이나 심장, 소장 등을 뜻한다.- 보상금을 받아 육지로 나왔다.
- 辰대운은 辰이 기신이고 흙탕물을 일으켜 분별력이 약해지고 辰 중 乙이 여자라 바람이 났다. 불화극심하여 길고 긴 별거에 들어갔다.
- 丁대운 丁壬合木으로 조금 설기되니 교장까지 승진했다.
- 巳대운은 巳申형살이 들고 기신운이라 위암으로 수술받았다.
- 丙이 합신이라 처도 되고 관성이라 자식도 되는데 合去나 沖去가 심해 인연이 거의 끊겼다. 대운이 역행하고 있으니 일시불로 받은 퇴직금도 여자들에게 다 뜯기고 고독하게 살고 있다.
- 丙辛合水로 나온 水가 体가 된다고도 볼 수 있으며 水에서 보면 壬子 등 비겁이 많으니 부부가 다 알뜰하고 인색하며 탐욕스러웠다.

4. 정임합화목격(丁壬合化木格) 사주

丁이나 壬일간이 월간이나 시간에서 합을 만나고 木이 왕한 달에 출생하거나 사주에 木이 왕하면 성립된다. 쟁합을 꺼린다. 木과 상극하는 土金운은 나쁘고 水木火운은 좋다.

58

```
庚 丁 壬 壬          丙
子 酉 寅 寅   여자   申 대운
```

- 丁壬合化木格 사주다. 쟁합이 있어 불미스럽고 합해서 나오는 木을 体로 보면 庚이 남편이고 酉는 남편인 庚의 뿌리다. 金이 기신이고 왕한 木氣를 설하는 寅 중의 丙이 용신이다.
- 丙대운은 남편인 庚을 극하고 대운지 申이 운에서 들어온 남편인데 寅申충을 두 번이나 받아 튕겨 나간다. 왕신충극이기도 하다. 남편이 혈액암에 걸렸다.

35

```
戊 丁 壬 壬          戊
申 亥 寅 寅   여자   戌
```

- 丁壬合化木格이고 용신은 강한 木을 설기시키는 寅중의 丙이

다. 쟁합이 있어 좋지 못하다.

- 강한 木의 기운에 부딪히는 申이 기신이다. 丁壬合해서 나온 木을 体로 보면 申이 남편이고 해로하기 어렵다. 심한 불화 끝에 이혼하기로 결정했다.

- 木에서 火는 식상이라 입이나 손으로 먹고 살아야 하니 보험설계사다.

- 식상이 더욱 필요하니 활동적이고 부지런하고 다변이다.

5. 무계합화화격(戊癸合化火格) 사주

戊나 癸일간이 월이나 시간에서 戊나 癸의 합을 만나고 火旺之節에 태어나거나 사주에 火氣가 많으면 성립된다. 木火土운은 좋고 火와 상극하는 金水운은 나쁘다.

				58	48	38	28	18	8
癸	戊	甲	辛		戊	己	庚	辛	壬	癸
丑	寅	午	酉	남자	子	丑	寅	卯	辰	巳	대운

- 戊癸合化火格이고 辛酉가 기신이고 일주와 아무런 합이 없고 왕따 당한 형국이다. 戊癸合해서 나온 火를 体로 보면 辛酉는 부친이다. 甲이 모친이고 寅은 그 뿌리다.

- 辛酉는 도화살, 홍염살이고 酉 앞에 삼수변을 붙이면 술 酒자가 되는지라 부친이 주색잡기로 가정을 깨고 이 아들을 대학시킬 돈이 아까워서 고3 때 쫓아내 버렸다. 辛酉에 해당되면 대체로 미남 미녀가 많은데 사주의 강한 불이 辛酉를 녹여서 부친이 추남이다.
- 모친인 甲에서는 寅이 건록이니 모친이 교사였고 부친 辛도 酉가 건록이라 교사였다.
- 戊癸合 즉 돈과 합하여 무지개를 피우는 형상이라 재무·회계 등이 맞는데 국세청 6급이다.
- 庚대운은 甲을 치니 甲은 모친이고 모친의 머리다. 모친이 비파열성 뇌동맥류 수술을 받았다.
- 己대운도 甲己로 합거되니 모친에게 생명의 위험이 있을 수 있다.
- 어린 시절의 癸대운은 기신운이라 모친과 이별하고 부친의 첩과 그 첩의 자식들과 같이 살았다. 한스러운 세월이었다.
- 壬대운도 기신운이라 집에서 쫓겨나서 모친이 공부를 시켰다.
- 辰대운은 辰酉로 합해서 기신인 金이 더 강해지니 노력해도 성과가 없었다.
- 辛卯대운 중 辛대운 말에 국세청 7급 시험에 합격했다. 卯대운에는 卯酉충으로 직업상의 스트레스가 대단했다.
- 寅대운은 강한 火에 순응하는 운이라 6급으로 승진했다.
- 己丑 戊대운까지는 火氣를 설기시키니 평탄할 것이다.
- 子대운은 왕신을 충극하니 활동력이 중단되는 운이고 모친이 사망할 수도 있다. 종하기 전에는 午가 모친이니까. 종한 후를 70%, 종하기 전을 30 % 정도로 참조해야 한다.

전왕격(專旺格) 사주

1. 곡직인수격(曲直格) 사주

- 甲乙 일간이 지지에 亥卯未 木局이나 寅卯辰 方合을 볼 때 성립하고 金이 있으면 파격이다.
- 木일이 木에 종하니 기세가 순수하고 申酉金을 꺼린다.
- 사람됨이 나무처럼 맑고 인자하며 長壽하는 경우가 많고 음성이 좋은 경우도 많다. 목관악기의 울림처럼. 여자인 경우에는 기악에 능한 사람들도 종종 있다.
- 水木火운은 좋고 상극하는 土金운은 나쁘다.

41

戊 乙 丁 己 　　　 壬

寅 亥 卯 未　 남자　 戌

- 곡직인수격과 종왕격을 겸하고 있어 재관이 기신이다. 용신은 丁과 寅 중의 丙火다. 그런데 용신인 火가 약해서 술고래다. 火나 水가 필요한 사주들이 애주가나 흡연자가 많다.
- 亥는 곡직인수격이나 종왕격에 역하지 않고 戊己 土는 기신이라 고부갈등이 심하고 이혼 운운하다가 결혼 1년 만에 헤어졌다.
- 식상이 용신이라 기술성 직업이나 이공계열의 직업이 많은데 의사다. 일간이 지지의 많은 木 중에서 홀로 솟았기 때문에 총명하고 제 잘난 맛에 산다. 군계일학이라 굽히기 싫다.
- 연과 일주에 4급, 월과 시주에 1급의 태풍이 있어 걷잡을 수 없는 성격에 황소고집이다. 壬대운 초 41살에 결혼했었다.

　　　　　　　　　 60 50 40 30 20 10

丁 甲 癸 壬 　　　 己 戊 丁 丙 乙 甲

卯 辰 卯 寅　 남자　 酉 申 未 午 巳 辰 대운

- 곡직인수격이고 종왕격이기도 하다. 용신은 丁과 寅중의 丙火다. 木局에서 홀로 솟아 형제나 또래 중에서 특출하고 명예욕이 강하다. 왕자병이 있다. 신강하고 설기가 더 필요하니 바람둥이다.

- 성격은 강하고 丁 상관이 용신이고 丁 아래에 양인살이 있어 입에 칼 달린 형상이라 독설험구가 심하다. 자유로운 영혼이다.
- 甲辰 백호일에 木이 강하니 부친이 단명하셨고 자수성가했다. 일인자격이라 굽히기 싫어서 직장 체질은 아니고 사업을 했고 火대운에 크게 성공했다.
- 申대운에는 寅申충으로 왕신충극되고 부인인 寅 중의 戊土가 충출되니 이혼의 위기가 있었다.
- 壬寅년에 도의원에 출마할 예정이나 당선은 어렵다. 용신인 丁이 壬에 묶이기 때문이다.
- 壬 癸 인수성이 혼잡되어 부친이 첩살림을 하셨고 무책임하고 무능력하셨다.

64 54 44 34 24 14 4

丁乙丙己　　　癸 壬 辛 庚 己 戊 丁

亥亥寅亥 여자　酉 申 未 午 巳 辰 卯 대운

- 곡직인수격이고 용신은 丁과 丙이다.
- 亥가 셋이라 모친이 세 분이시다. 寅亥合破로 인해 모친이 일찍 이별할 조짐이 있는데 辰대운에 亥가 辰에 입고되어 사별했다. 일지의 亥도 마찬가지 조건이라 계모가 얼마 살지않고 가버렸다. 시지의 亥는 두 번째 계모인데 寅에서 멀고 일지의 亥가 막아줘서 부친과 오랫동안 해로했다.
- 남편은 金인데 주중에 없으니 일지와 六合하는 寅이 남편이고

그 표출신이 丙이니 남편 복이 많다. 丙丁이 용신이라 자식을 다섯이나 낳았다. 자식들이 다 착실하고 효순하다.

- 巳대운은 용신운이기는 하나 巳亥충으로 극을 받아 살기가 빠듯했다. 남편이 직장에 다녔다.
- 庚대운은 운에서 들어온 庚이 正官이라 남편인데 丙丁에 극이 되어 외환위기 때 희망퇴직을 하고 회사에서 밀어주는 조경업을 시작해서 용신이 강해지는 午 대운에 돈을 많이 벌어서 부동산에 투자해서 100억 대의 재산이 모였다.
- 辛대운은 운에서 들어온 辛 편관이 남편성이고 丙丁에 극받아 구의원에 출마했으나 낙선했다.
- 未대운은 亥未반목국으로 곡직격에 순응하니 남편이 구의원에 당선이 되었다.
- 壬申대운은 남편과 용신이 있는 월주를 천충지충하니 선거에 낙선하고 사업도 기울기 시작했다. 당선 여부를 물으러 왔었는데 낙선할 것이라고 말하니 아주 기분이 나쁜 표정으로 돌아갔다. 낙선 후 이 여성은 우울증 등으로 칩거하고 아무하고도 연락을 하지 않고 살아간다. 癸酉대운도 나쁘다.
- 丙丁식상이 용신이라 노래를 아주 잘한다.
- 寅 나무에 亥라는 물을 주어 丙丁으로 꽃을 피우니 조경업을 한다.

2. 염상격(炎上格) 사주

丙 丁 일간이 사주에 火가 강한 경우에 성립되고 木火土운이 좋고 상극하는 金水운이 나쁘다.

辛 丙 庚 甲　　　　癸 甲 乙 丙 丁 戊 己
卯 午 午 午 여자　亥 子 丑 寅 卯 辰 巳 대운

- 염상격이고 비천록마격으로 볼 수도 있다.
- 성격은 외유내강하고 겁재가 많아서 물욕이 많고 솔직하지 않다. 이중성이다. 염상격들은 대체로 정서가 불안해 보이고 多辯인 사람이 많다. 불꽃처럼 펄럭이는 형상이다.
- 양인살이 너무 많으니 다리에 장애도 있고 조울증이 심하다. 양인살이 많다는 것은 몸에 칼을 많이 차고 있는 것과 같아 다치기 쉬운 형국이라 정신적으로나 육체적으로 장애가 온 것이다.
- 신강한 사주에 설기구가 없다보니 아주 성욕이 강하다. 남편이 있는데도 드러내놓고 바람을 피운다. 옛 고서에 보면 여명에 양인살이 많으면 황음하여 수치심을 모른다고 했다.
- 戊辰대운은 설기가 되니 성적이 양호하여 대학에 진학했고 졸업 후 교직으로 나갔다.
- 丁卯 丙寅 乙丑 甲대운까지 火를 거스르지 않는 운이라 평탄했다.
- 子대운은 왕신충극하니 부부가 다 몸조심을 해야 한다.

庚 丁 丁 癸　　　癸
戌 巳 巳 巳　남자　丑

- 癸는 증발되는 물이라 용신이 될 수 없고 庚은 戌이 燥土라 燥土不生金으로 용신이 될 수 없으니 염상격에 종왕격을 겸하고 있다. 財官이 기신이라 癸나 庚이 도움이 될 수 없고 오히려 기신 역할을 한다.
- 강한 불을 설기하는 戌이 용신이나 燥土라 설기가 시원치 않다. 상관이 용신이니 반골 기질이 강하고 癸 官이 약해서 자제력이 부족하다. 직장 체질은 아니다. 자유로운 영혼이고 얽매이기 싫어서 자영업을 하나 丑대운은 용신인 戌을 치는 운이라 지출이나 손재가 크다.
- 庚이 아내인데 戌 홍염지 위에 있고 사주에 비겁이 많으니 바람을 많이 피우는 아내다. 庚이 기신이라 처덕이 없다.

40

丙 丁 戊 癸　　　甲
午 巳 午 巳　남자　寅

- 염상격에 종왕격을 겸하고 있다. 설기하는 戊가 용신인데 조토라서 설기가 시원찮아 갑갑한 인생이다.
- 癸 官이 약하니 직장 운이 부실하다. 財官이 기신이라 부부불화가 심하고 별거 중이다.

- 고집이 세고 상관이 용신이라 반골 기질이 강하다.
- 丙午는 여동생인데 丙에서 午가 양인살이고 아주 강한 丙이라서 성질이 나쁘고-일과 시주에 1급 태풍이 있어 -폭발적인 성격이라고 한다. 여동생 丙午에서는 癸가 남편인데 증발하는 물이라 해로하기 어렵다. 여동생이 재혼했다.

3. 가색격(稼穡格) 사주

戊己 일간이 사주에 土가 많을 때 성립된다. 가색이란 농사 짓는다는 뜻이다. 未월의 가색격은 기신인 乙을 암장하고 丁이 燥土로 만드니 좋지 못하다.

```
戊 己 丁 己        癸 壬 辛 庚 己 戊
辰 酉 丑 丑  여자   未 午 巳 辰 卯 寅  대운
```

- 가색격이고 설기자 酉가 용신이다. 일지가 식신 문창성이고 용신이라 교사다.
- 戊己 일간이 지지에 辰土가 있으면 구두쇠이고 금전운이 넉넉하다. 辰은 水의 고장지 즉 財庫이기 때문이다.
- 辛대운은 용신 酉에서 투출된 辛이 丁의 극을 받아 매매하다가 손해를 보았다.

- 壬대운은 정재운이라 돈 욕심을 내다가 壬이 戊의 극을 받아 또 매매로 손실이 있었다.
- 癸대운은 편재운이라 돈 욕심이 난다. 또 투자했다가 손실이 컸다. 癸가 戊에 의해 合去된 탓이다.
- 酉중에 庚辛이 있고 자식인데 일지에 있어서 딸만 둘이다. 자식 복은 양호하고 남편 복도 양호하고 부부가 교사다.

戊 己 癸 丙
辰 卯 巳 辰 여자

- 가색격에 종왕격을 겸했다. 설기할 金이 뚜렷하지 않아 답답한 인생이다.
- 지독한 구두쇠이지만 돈이 모이지 않고 돈벌이도 시원찮다. 癸돈을 戊辰이 入庫시키기 때문이다. 즉 내 돈이 아니라는 뜻이다. 戊 밑에 있는 남의 돈이다. 이런 경우 동업이나 돈거래는 절대로 해선 안 된다.
- 金이 필요한데 金은 식상이라 손재주와 입으로 먹고사는 형국이라 미용사다. 좀 더 돈을 잘 벌려면 요금을 조금 낮추거나 서비스로 뭔가를 해줘야 하는데 둘 다 아니니 개업했다가 폐업하고 다시 월급 미용사로 돌아갔다.
- 卯는 용신이 아니고 기신이다 일과 시주 사이에 1급 태풍이 있고 백호살이라 이 여성이 결혼 택일을 한 후 1주일쯤에 오토바이 사고로 오빠가 사망했다. 일주와 시주가 이런 구조로 된 여

성들의 사주에서 이런 일이 생긴 사람을 서너 명이나 보았다.

4. 종혁격(從革格) 사주

일간이 庚이나 辛이고 사주에 土金이 많을 때 성립되며 土金운은 무난하고 설기되는 水운에 발달하며 金과 서로 극하는 木火운이 나쁘다. 변화가 많고 혁신 개혁적인 기질이 있다.

壬 辛 己 丁

辰 丑 酉 酉 여자

- 종혁격에 종왕격을 겸하고 있다. 설기자 壬이 용신이고 丁은 기신이라 자식 생긴 후 丁 남편이 고개 숙인 남자가 되었다. 그 바람에 이 여성은 수차 바람을 피웠다. 성욕이 왕하다. 신강한 사주에 설기가 필요해서.
- 壬 상관이 투출되고 강하게 작용하니 입이 크고 툭 튀어나왔다. 결코 미인은 아니었으나 이성에게 인기는 있는 모양이다.
- 辛이 金局에서 홀로 솟아 공주병이 있고 엄청 잔난 척을 했다. 보기에 딱했다.

$$45 \quad 35 \quad 25 \quad 15 \quad 5$$

戊 庚 丁 辛　　　壬 辛 庚 己 戊

寅 申 酉 丑　여자　寅 丑 子 亥 戌　대운

- 종혁격이고 丁과 寅은 기신이다. 水가 약해서 설기가 제대로 안 되니 답답하다.
- 태강한 사주라 고집이 세고 寅申충으로 인해 다혈질이다.
- 寅이 기신이고 상충살이 있어 부친 덕이 없고 부친이 군인이라 오랫동안 떨어져 살았다. 그래서 부친이 단명할 수도 있는 것을 면한 모양이다. 여군이 되려고 했으나 부친의 반대로 좌절됐다.
- 亥대운은 식신운이라 자식이 생겨야 하니 결혼운이고 결혼해서 3남매를 낳았다. 식신은 성욕의 분출이고 자식이 생길 운이기도 해서 여성들은 식상운에 결혼하는 경우가 많다.
- 子대운은 설기가 되어 재산이 늘어났다.
- 辛丑대운은 겁재운이고 더욱 신강해지니 주춤하고 갑갑하다.
- 壬대운은 설기가 되는 좋은 운이라 금전운이 양호하다.
- 寅대운은 상충살이 거듭되고 부부궁이 흔들린다. 己丑년에는 시주와 1급 태풍이 불어 신우염에 시달리고 남편의 바람으로 인해 풍파가 일어나서 별거에 들어가고 이혼소송이 붙었다.
- 남편인 丁의 입장에서 보면 金이 많으니 돈과 여자가 많은 형상이라 바람이 심하다.

辛 庚 己 丁　　　 癸 甲 乙 丙 丁 戊

巳 戌 酉 酉 남자　 卯 辰 巳 午 未 申

- 종혁격과 종왕격을 겸했다. 丁, 巳가 기신이다. 양인살이 중중하
니 깐깐하고 빈틈이 없으며 기계금속 계통의 기술자다.

- 財星인 木이 없으니 合神으로 찾아야 한다. 일지의 지장간 辛과
합하는 巳 중의 丙이 아내다 巳가 처라면 丁도 처다. 모두 기신
이다. 일지 배우자궁이 丁과 巳를 입고시킨다.

- 연간의 丁이 첫 아내이고 丁대운에 만났다가 未대운에 丁의 본
거지인 일지를 치니 이혼했다.

- 丙대운에는 丙도 아내이니 재혼했는데 乙대운에 사별했다. 운
에서 들어온 乙이 아내인데 날카로운 辛金에 극되어 대장암으
로 죽었다. 乙은 구불구불한 글자라 대장이나 소장으로 보기도
한다. 乙은 처나 처의 대장으로 볼 수 있다.

- 甲대운이 편재운이라 세 번째 처를 연길에서 만났다. 재중 교포
인 조선족 여성이다.

- 卯대운은 운에서 들어오는 卯가 처도 되고 돈도 되는데 卯酉
상충살과 수옥살이 일어나고 왕신이 충극되니 돈과 처가 사라
지는 운이다

5. 윤하격(潤下格) 사주

壬癸일간이 사주에 물이 많다는 뜻이다. 만물을 윤택하게 적셔주며 아래로 흐른다는 뜻이다. 女命 윤하격은 남편인 土가 흙탕물을 일으키며 떠내려가는 형상이라 남편 덕이 좋지 못하다.
金水木은 水를 거스르지 않으니 좋고 상극하는 火土운은 나쁘다.

壬 壬 丁 甲　　甲 乙 丙
子 子 丑 子　여자　戌 亥 子 대운

- 子丑合이 많아 丑은 떠내려가니 사주가 온통 물바다다. 윤하격이고 용신은 설기자 甲이다.
- 편재가 없으니 丁 정재가 부친인데 강한 壬水에 합거되고 합절도 되며 백호살이고 丁에서 丑은 묘지이니 부친을 일찍 이별할 팔자다.
- 丙대운은 운에서 들어오는 丙이 부친인데 군비쟁재되어 5살에 부친과 사별했다.
- 戌대운은 월령을 치니 변동운이라 독일에 가서 취업했으나 애로가 많고 官이 官을 치니 실연도 했다.

壬 壬 丙 辛
子 辰 申 丑　여자

- 丙辛合水가 있고 申子辰 수국이 있어 潤下格이다.
- 辰이나 丑은 남편성인데 흙탕물을 일으킨다. 남편 애로가 많고 지금은 별거 중이다. 비겁이 과다하니 남편이 바람을 많이 피웠다.
- 흙탕물을 깨끗이 하자니 깔끔한 성격이고 맺고 끊음이 분명하다.
- 설기시킬 木이 없어 아쉽고 필요한데 없는 것이 직업인지라 식상인 木을 많이 쓰는 보험설계사다. 식상은 활동력이고 입이고 손이다.
- 辰 중의 乙이 자식성인데 水多木浮되어 아들은 직업 운이 부실하고 딸은 만성 혈액암으로 치료 중이다.

51 41

甲 壬 戊 庚　　壬 癸
辰 申 子 子 여자　午 未 대운

- 申子辰 水局으로 戊土는 무근해서 용신이 될 수 없다. 윤하격이고 용신은 설기자 甲이다.
- 甲이 있고 辰 중에 乙도 있어 아들 하나 딸 하나를 두었다.
- 관성인 戊의 뿌리인 辰이 떠내려가니 戊도 떠내려간다. 남편의 바람으로 풍파가 잦다. 비겁이 과다하니 경쟁자가 많은 형상이다.
- 甲이 浮木이라 떠다니는 활동력이고 甲이 식신이라 보험설계사다.

특이하고 기이한 사주

1. 천원일기 지지일기(天元一氣 地支一氣)

戊 戊 戊 戊
午 午 午 午 남자

- 크게 이름을 날린다고 하는 명조다. 양인이 많아 장수이고 관우의 사주다. 종왕격에 종강격을 겸하고 있다.
- 강한 火土에 역행하는 운이 나쁘다. 지지의 水운이나 천간의 木운이 가장 나쁘다.
- 甲子대운은 甲子가 戊午를 천충지충하니 강가에서 전투하다 전사했다. 子가 와서 치니 강가에서 패했다. 배수의 진을 치고 싸우다가 역부족으로 패했다.

　　　　　　　　　　　　　　역의 향기 종합편

甲 甲 甲 甲

戌 戌 戌 戌 여자

- 주논개 부인의 사주다. 비록 일찍 세상을 떴지만 그 이름 석 자
  는 역사에 길이 남을 것이다.
- 사주에 戌이 많아 개를 낳았다고 논개라 이름이 지어졌다고
  한다.

2. 괴강격(魁罡格) 사주

- 壬辰 戊戌 庚辰 庚戌일에 태어나고 괴강을 거듭 만나고 신강해
  야 하고 재관이 기신이다.
- 두뇌명석하고 특히 논리적이다. 하나하나 따져서 생각하고 정리
  해서 머리에 집어넣는다. 결단력이 좋고 과감하다.
- 여명 괴강격이나 괴강일주는 남편 애로가 크다. 대부분 생, 사
  별이나 불화가 생기고 무능력하거나 무책임한 남편들이다. 심하
  면 행방불명된 남편들도 있다.
- 남자의 경우에는 운을 잘 받았을 때 크게 되는 사주라고 한다.

                    26 16 6
庚 庚 戊 丙   乙 丙 丁
辰 戌 戌 辰 여자   未 申 酉 대운

- 괴강이 거듭되고 신강하니 괴강격이다. 똑똑하고 기질이 세고 논리적이고 魁强일생이라 용모도 단정하다.
- 여자 군인이다.
- 괴강일생이고 일과 시에 辰戌의 충이 있어 이혼했다. 여명에 일과 시에 辰戌의 충이 있으면 고독지명이다.

                    56
庚 庚 己 己   乙
辰 戌 巳 丑 여자   亥

- 괴강격이나 설기할 水가 모두 入庫되거나 암장되어 답답하다.
- 水가 필요하니 직업은 목욕탕의 세신사다. 일과 시에 辰戌의 충이 있어 해로하기 어렵다.
- 戌 중의 丁은 입고되고 巳는 巳酉丑 金局으로 사라지니 합신인 辰 중의 乙을 남편으로 볼 수도 있다.
- 乙대운은 乙이 辰에서 투출되어 군비쟁재로 합거되니 남편과 사별했다.

庚 庚 庚 乙
辰 辰 辰 未 남자

- 괴강일이 괴강을 거듭 만나니 신강해졌고 꺼리는 乙이 있으나 庚들에게 合去되어 무난하다. 종강격과 종왕격도 겸했다.
- 설기하는 水운이 오면 크게 발전한다. 丙子 乙亥 대운에 국회의 원이 되었다.

3. 비천록마격(飛天祿馬格) 사주

하늘을 나는 말을 탄 형상이라 격국이 좋고 대운도 좋으면 크게 발전한다.

- 壬子일이 子를 거듭 볼 때 성립한다. 사주에 午가 있으면 진실이라 하여 파격이다. 寅이나 戌이 있으면 허공에서 沖해오는 午를 오래 붙잡아 둘 수 있어서 좋다. 子를 합하는 丑이 있는 것을 꺼린다.
- 庚子일이 子를 거듭 볼 때 허공에서 午를 도충해 온다. 火가 사주에 있으면 파격이다.
- 辛亥일이 또 亥를 볼 때 巳를 허충해 오니 申酉丑이 하나라도 있으면 좋다.
- 丙午일이 午를 거듭 볼 때 子를 허충해 온다.

- 丁巳일이 또 巳를 볼 때 亥를 허충해 온다.

辛 丙 庚 甲　　　甲 乙 丙 丁 戊 己
卯 午 午 午 여자　子 丑 寅 卯 辰 巳 대운

- 飛天祿馬格이고 炎上格과 從旺格을 겸하고 있다. 사주에 없는
  子를 허충해 온다. 子는 직업이고 남편이다. 초등교사다.
- 왕신충극하고 子가 진실되는 子대운이 가장 나쁘다.

戊 壬 庚 辛　　　甲 乙 丙 丁 戊 己
申 子 子 亥 남자　午 未 申 酉 戌 亥 대운

- 비천록마격이고 午를 허충해 온다. 戊戌대운은 기신운이라 고
  생이 아주 심했고 丁酉 대운부터 호전되어 乙대운까지 판사로
  재직했다. 왕신충극되고 午가 진실되는 午대운에 사망했다.

부부 운

1. 부부 운이 나쁜 사주

<pre>
                    62 52 42 32 22 12 2
壬 辛 甲 戌   辛 庚 己 戊 丁 丙 乙
辰 未 寅 戌 남자   酉 申 未 午 巳 辰 卯 대운
</pre>

- 寅午戌 火局으로 일간이 약해지고 壬에 설기가 심하다. 신약사주는 財官이 기신이라 세 번 결혼했고 세 번 이혼했다.
- 일지의 未가 아내인 甲寅을 입고시키고 寅午戌 火局으로 寅이 사라진다. 얼핏 보면 甲寅이 강해 보이지만 약하다.
- 연월주끼리 4급, 연일주끼리3급, 월시주끼리 2급의 태풍들이 부니 인생 여정이 순탄치 않고 걷잡을 수 없는 다혈질이다.
- 壬이 투간되어 독설험구가 심하고 寅未 귀문살이 있어 예민하고 모가 난 성격이다. 누구하고도 해로하기 어려운 성격이다.
- 자꾸 결혼을 하지 않거나 성격을 고치든지 해야 하는데 그 성질머리가 어디로 가겠는가.

1) 위 남성의 세 번째 부인

乙 丁 庚 壬
巳 亥 戌 寅 여자

- 남편인 壬이 일간 丁을 합하여 寅 死地로 끌어들인다. 合死다. 남편 壬의 뿌리 亥는 상충살을 받고 戌亥 천문살까지 있으니 해로할 수 없다. 더 이상 재혼하지 않아야 삶의 고통을 줄일 수 있다.
- 상충살과 천문살이 있고 신약한 사주니 예민하고 신경질이 많다. 원래 부부 운이 안 좋은 사람은 배우자도 부부 운이 안 좋은 사람을 만나게 된다. 그러니 상대방 탓을 해서는 안 된다.

57 27

甲 戊 乙 戊   己 壬
寅 申 丑 戌 여자   未 戌 대운

- 관살혼잡인데 乙은 丑에 착근하기 어렵고 甲寅은 申에 부서진다. 첫 남편과 壬대운에 사별했는데 寅申충이 있는 申에서 壬이 투출되니 寅申충이 유발되어 사별한 것이다. 결혼생활을 하고 있을 때는 정관과 편관을 다 살펴봐야 한다. 재혼했다가 甲이 己未에 合入庫되는 己대운에 또 사별했다.
- 연월주에 3급, 연시주에 4급, 월시주에 1급의 태풍이 있어 인생

여정에 굴곡이 많다. 성격도 다혈질이고 태풍에 날아가듯 먼 나라 미국에서 살고 있다.

乙 庚 庚 辛
酉 戌 子 卯 남자

- 정재인 乙이 합거되고 군비쟁재도 된다. 卯도 子卯 음형살에 걸리고 일지의 戌이 乙을 入墓한다.
- 세 번째 처와 살고 있다.

2) 위 남성의 세 번째 부인

丁 辛 己 庚
酉 亥 丑 戌 여자

- 戌 중의 丁이 첫 남편인데 입고되어 무능력하다. 입고에 丑戌刑, 戌亥 천문살까지 있어 해로하기 어렵다. 이혼하기 전 위의 남성이 돈이 많으니 서로 불륜을 저지르다가 남편과 이혼하고 위 남성의 세 번째 처가 되었다. 자식 둘은 본 남편에게 주고 왔다.
- 위의 남성은 이 여성보다 9살 연상이다. 돈의 위력이 대단하다.

己 癸 壬 丁
未 亥 子 巳 여자

- 巳 중의 戊가 첫 남편이고 그의 표출신이 丁이다. 丁巳는 한 몸
  이라고 보기 때문이다.
- 남편 표출신인 丁은 강한 壬子에 합절되고 합거되며 지지로는
  巳亥충이라 이혼했다.

乙 戊 庚 丙
卯 午 寅 午 여자

- 연월주에 4급 태풍이 있어 초년 풍파를 의미한다. 官殺이 혼잡
  되어 있을 때는 정관을 남편이라고 보지만 이 사주는 寅이 일
  간의 장생지이고 寅午로 반삼합을 하고있으며 자식인 庚 아래에
  있어서 寅이 첫 남편이다.
- 寅午 반삼합이 둘이나 있으니 寅은 타서 사라진다. 해로가 어렵
  다. 이혼하고 재혼했다.

戊 癸 乙 辛
午 卯 未 亥 여자

- 연월주에 4급 태풍이 있어 초년 풍파를 겪는다. 관살이 혼잡되었고 戊 정관이 첫 남편이 아니고 재혼 남편이다. 乙 자식 아래에 있고 亥未 반삼합하는 未가 첫 남편이고 태풍 속에 있어 이혼했다.
- 일지의 卯는 재혼하여 낳은 자식이다.

54

甲 己 丁 丙   辛
戌 丑 酉 申 여자   卯

- 甲이 남편인데 뜨거운 자갈밭인 戌에 뿌리를 내리기 어려워 나 己와 合을 하나 내 일지 丑은 언 자갈밭이라 남편은 평생 백수로 지내다가 대장암 수술을 받았다.
- 내 일지 丑이 자식은 金들을 입고시키니 자식 애로가 크다. 장남이 파산 신청을 했고 알코올 중독으로 입원 중이다.
- 卯대운은 왕신충극하니 이 여성이 정서가 불안해지고 공황장애가 와서 음독했다가 살아났다.

```
              29 19 9
乙 甲 癸 癸          丙 乙 甲
亥 辰 亥 亥  여자   寅 丑 子  대운
```

- 남편성인 金이 없으니 합신으로 찾아야 한다. 일지의 戊와 명암
  합하는 癸가 남편인데 癸가 둘이라 재혼지명이다.
- 癸가 연간에 있으니 조혼했다. 배우자성이 연간에 있으면 조혼
  하고 時에 있으면 만혼한다.
- 丑대운은 운에서 들어온 丑 중의 辛이 남편인데 亥子丑 水局에
  떠내려가니 이혼했다. 재혼했다. 癸가 둘이니까.


```
辛 丙 壬 乙
卯 戌 午 卯  남자
```

- 卯戌合火, 午戌半三合으로 사주에 火가 많아 신강하니 종왕격
  이다. 財官이 기신이라 독신으로 살아간다. 미혼이다.
- 관성인 水가 없어서 합신인 辛이 배우자성인데 辛의 뿌리인 戌
  중의 辛이 火에 녹아내리고 시간의 辛은 강한 일간에게 합거
  당하니 결혼하기 어렵다.
- 만약 土金이 많은 여자와 결혼한다면 해로할 수도 있다.

<pre>
              31 21
己 壬 辛 丙   乙 甲
酉 午 丑 寅 남자 巳 辰
</pre>

- 신약사주에 財官은 기신이다. 직업 운과 부부 운이 부실하다.
- 연 일주에 4급, 일 시주에 3급 태풍이 있어 순조로운 인생 여정은 아니다.
- 부부궁에 丑午, 귀문, 탕화, 원진, 상천살이 몰려있어서 가족에게 폭력적이다.
- 巳대운은 운에서 들어오는 巳가 편재 즉 처성인데 지지와 巳酉丑 金局으로 巳가 사라지니 이혼했다.

<pre>
丁 癸 癸 甲
巳 酉 酉 辰 남자
</pre>

- 癸酉와 丁巳는 천간지지가 서로 진행하는 방향이 다른 4급 태풍이고 두 개나 되니 인생 여정이 순탄치 않다.
- 巳는 처성인데 일지와 巳酉 반삼합으로 사라지고 巳중 丙에서는 酉가 死地가 된다. 이혼했다. 재혼해도 마찬가지로 나쁘다.

丁 丙 庚 辛

酉 寅 寅 酉　여자

- 관성이 없으니 합신인 辛酉가 남편이다. 남편인 辛酉가 일간 丙을 合死시키고 원진살이 중첩되어 이혼했다.

庚 丙 癸 丁

寅 申 丑 未　여자

- 丁未생인데 특이하게 이름이 정미다.
- 火土傷官用印格이라 寅이 용신인데 상충살로 용신수상되어 좋은 명조는 아니다.
- 신약하니 재관이 기신이고 남편인 癸가 丑未沖을 당해 이혼했고 申중의 壬이 재혼남이나 寅申충으로 부부궁이 깨지니 별거를 고려하고 있다.

42

丙 丙 丙 己　　　辛

申 辰 寅 酉　남자　酉

- 申子辰 水局으로 申이 떠내려가고 寅申의 충을 辰이 말리고 있다. 酉대운에 辰酉合으로 寅申충이 일어나 부인이 암으로 사망

했다. 申이 금침수저되니 부친도 단명하셨다.

54

乙 庚 丁 庚　　辛
酉 戌 亥 子　여자　巳

- 庚戌 괴강일주에 남편인 丁과는 戌亥 천문살이 있어 해로하기
  어렵다. 丁은 木이 없어 헛불이고 水로 인해 허약하다. 이혼했다.
- 합신인 乙이 재혼 남편인데 酉 절지에 앉고 나의 일지인 戌이
  乙을 入墓시키니 역시 해로가 어렵다.
- 巳대운은 운에서 들어온 巳가 편관이라 남편성인데 巳亥충과
  巳酉합으로 약해지니 이혼 운운 중이다.

55

甲 戊 癸 己　　己
寅 申 酉 亥　여자　卯

- 甲寅을 남편으로 보더라도 寅申충으로 해로하기 어렵고 합신인
  癸를 남편으로 보더라도 일간이 癸를 합하여 申 死地로 合死시
  키니 해로하기 어렵다.
- 남편이 식도암에 걸렸다. 卯대운은 운에서 들어온 卯가 정관이
  라 남편인데 卯酉충으로 튕겨 나가니 위험한 운이다.

2. 부부 유정한 사주

丁 乙 丙 乙
丑 巳 戌 卯 남자

- 사주에 火氣가 만당하니 종아격이다. 일지에서 솟은 나의 표출
  신인 丙이 강해서 일간을 대행한다. 용신은 설기해주는 戌인데
  戌 중의 辛이 아내다. 용신 속의 아내니 처덕이 있고 부부유정
  하다. 아내가 알뜰하고 내조를 잘한다.

丙 乙 丙 乙
戌 巳 戌 未 여자

- 종아격이고 丙이 약한 乙을 대신하여 일간을 대행한다. 丙은
  일지에서 솟은 나의 표출신이고 세력이 강하니 일간을 대행할
  수 있다. 용신은 강한 火氣를 설기해주는 戌이다.
- 丙이 체라면 水가 관성인데 없으니 합신으로 배우자를 삼는다.
  戌 중의 辛이 남편이다. 丙에서 보면 辛은 정재라 아내 같은 남
  편을 만났다. 알뜰하고 자상하며 착실하다. 辛이 두 개라 이 여
  성은 10대 때 난잡하게 놀아난 과거가 있다.

庚 辛 癸 庚
子 丑 未 子 남자

• 丑未沖 당하는 未 중의 乙은 허약해서 배우자성으로 보기 어렵
다. 일지와 六合하는 子가 처다. 신강한 사주라 癸와 子가 용신
인데 처가 용신에 해당하니 대단한 애처가이고 공처가다.

43

庚 辛 辛 辛　　　丙
寅 亥 卯 亥 여자　申

• 천간에 비겁이 중중하나 모두 無根하고 지지에 木局이 있어 종
재격이다. 강한 木을 설기시키는 寅중의 丙이 용신이고 남편이
니 부부유정하다. 寅은 천을귀인이기도 하다.
• 丙대운에 용신 丙이 투출되어 많은 辛들에게 합거당하고 대운
지 申은 용신이 있는 寅을 친다. 천을귀인은 沖받기를 싫어한
다. 백 가지 禍가 일어난다고 했다. 이 여성이 위암 수술을 받
았다.

丁 乙 丙 己

亥 亥 寅 亥　여자

- 관성인 金이 없어서 일지와 육합하는 寅이 남편이고 그 표출신이 丙이다. 丙丁이 용신인데 남편의 기운이 용신에 해당하니 부부유정해서 그런지 자식을 다섯이나 낳았다.
- 곡직인수격이나 종강격 사주에는 재관이 기신이라 관성인 金이 없는 것이 다행이다.
- 사주에 官星이 없다고 남편이 없는 것이 아니다. 合神을 찾아서 배우자성으로 보면 정확하게 감명할 수 있다.
- 사주 구조가 중요한 것이다. 재성이 없어도 부자인 사람도 많다. 꼭 재관에 집착하지 않는 것이 좋다.

38

壬 癸 丁 庚　　　　癸

戌 亥 亥 子　여자　　未

- 旺水를 막는 戌이 용신이자 남편이다. 부부 금슬이 대단히 좋고 착실한 남편이었으나 未대운에 戌未刑으로 둑이 터져 旺水에 모든 것이 떠내려가게 되니 이 여성은 유방암 수술을 받았고 남편은 공무원으로서 사기공모죄에 연루되어 수감되니 몇 년간 이별했다. 모든 복이 평생토록 가는 일은 없다.

42

己 辛 丁 辛　　　 壬

丑 亥 酉 丑 **남자**　 辰

- 건록격이고 신강하니 亥가 용신이다. 亥 중 甲이 아내다 용신 속에 처가 있고 배우자 자리에 용신이 있어 부부유정하고 사업 의 동반자다.
- 亥 중 甲이 돈이라 조경업자다. 물로 나무를 키우는 형상이다.
- 辰대운에 亥가 입고하니 구의원 출마도 낙선이 되고 처는 병들 고 금전 애로가 심하다. 흥망성쇠가 없는 사주가 있겠는가.

자식 운

1. 자식 애로가 많은 사주

68

乙 丁 己 辛   壬

巳 丑 亥 卯 남자   辰

- 亥가 자식인데 亥卯 반삼합하면 亥가 사라진다.
- 辰대운에 亥가 입고되고 巳亥충을 丑이 막고 있는데 戊戌년을 만나 丑戌형으로 巳亥충이 유발되어 자식이 우울증으로 자살했다.
- 시상편인은 자식에게 해롭다.

丙 甲 庚 甲

子 辰 午 寅 남자

- 庚이 자식인데 무근하고 寅午 반삼합 위에서 녹고있어 무자식이다.

乙 甲 壬 辛
亥 寅 辰 酉 여자

- 寅 중의 丙이 자식인데 寅亥合으로 丙이 亥 절지를 만나 기가 끊어지니 무자식이다.

乙 戊 庚 丙
卯 午 寅 午 여자

- 자식인 庚이 火局 위에서 녹아내리니 이혼할 때 두 아들을 두고 나왔다.

甲 己 丁 丙
戌 丑 酉 申 여자

- 일지 丑이 왕한 金을 입고시키고 있다. 왕신입고라 큰 아들이 파산신청에 술중독자다. 아들이 입원 중이다.

甲 戊 壬 戊
寅 寅 戌 申 여자

- 戌중 辛이 첫 남편 소생의 딸인데 火局에 녹으니 세 살도 되기
  전 영이별했다. 이 여성은 이혼 후 재혼했다.

辛 戊 壬 甲
酉 午 申 午 남자

- 자식이 무근하고 火 위에 있으며 시주. 자식궁에 상관이 있어
  자식 애로가 많다. 딸은 이혼하고 다른 딸은 늦도록 독신이다.

庚 庚 壬 丁
辰 辰 子 酉 남자

- 자식은 丁火다. 無根한 丁을 강한 壬子가 합하여 子 절지로 끌
  고 가는 합절이다. 丁 첫아들이 교통사고사했다.

壬 丙 甲 癸
辰 申 寅 丑　남자

- 신약하니 木이 용신이고 직업은 목수다. 壬癸가 자식인데 기신
이라 무자식이다.

壬 丁 丙 庚
寅 亥 戌 戌　여자

- 火土傷官用印格이고 용신은 寅이다 土多가 병이다. 寅亥合破되
니 이혼을 했고 母衰子旺이라 무자식이다.

己 丙 乙 庚
丑 辰 酉 巳　남자

- 乙庚合金으로 金은 秀氣가 되어 일간인 丙은 생조받을 곳이 없
고 뿌리도 없어 종재격이 되었다. 강한 庚金이 일간을 대행한다.
- 庚에서는 乙이 부친과 처가 되고 丙은 자식인데 설기가 심하고
酉가 丙의 死地이며 사지에서 솟은 庚은 사신 발동이라 자식이
투신자살했다.

丁 戊 丁 癸
巳 辰 巳 丑　남자

- 일주와 월주에 1급, 일주와 시주에 1급 태풍이 있어 순탄치 않다. 총각으로서 출산 경력이 있는 이혼녀와 결혼해서 자식을 낳았다. 癸는 자식인데 백호살에 걸려있고 일간 戊가 합하여 癸를 고장지인 辰에 入庫시키고 있어 장애아들을 두었다.

47

庚 丙 壬 壬　　　丁
寅 戌 寅 子　여자　酉

- 丁대운은 丁이 戊 자식궁에서 올라온 자식의 투출신인데 강한 壬子에 합절되어 운전미숙으로 두 딸이 한 차에 탔다가 해외에서 둘 다 사망했다.
- 시상편인은 자식에게 해롭다.
- 딸의 보상금으로 이 여성이 아주 비싼 외제차를 샀다는 말이 들려왔다.

46

己 戊 甲 戊　　　己
未 辰 子 申　여자　未

- 연주와 시주에 1급, 연주와 월주에 4급 태풍이 있다. 己未대운
  에 연주와 1급이 가중되는데 모든 바람이 자식이 있는 연주를
  향해 휘몰아치고 있다. 아들이 성폭행으로 교도소에 수감되었
  다. 4년형을 받았다. 사주 원국에 申子辰 수국으로 자식인 申이
  떠내려가는 형상이니 위험이 도사리고 있다.

형제 운

형제의 애로가 있는 사주

戊 己 壬 壬
辰 酉 子 寅 여자

- 戊辰이 남형제이고 백호살에 걸려 있고 일지는 戊土의 死地이
  다. 더구나 戊辰과 壬子는 서로 4급 태풍 속에 있다. 오빠 한 명
  은 자살했고 다른 오빠는 암으로 사망했다.

丙 丙 辛 乙
申 申 巳 未 여자

- 巳申형합으로 巳가 사라진다. 단명 형제가 여럿이다.

역의 향기 종합편

丙 辛 戊 庚
申 末 寅 子 남자

- 庚은 死地에 놓이고 無根하고 연월주에 2급 태풍까지 있어 형
  이 5살에 죽었다.

戊 己 癸 癸
辰 未 亥 卯 여자

- 戊가 癸와 합하면 亥 절지로 가는 합절이다. 戊辰은 백호살이
  다. 癸亥에 합절되어 오빠가 익사했다.

戊 己 甲 庚
寅 酉 申 戌 여자

- 甲이 오빠인데 申절지에 앉고 庚으로 절신발동되어 젊은 나이
  에 질병으로 사망했다.

癸 壬 庚 辛

卯 午 子 亥 여자

• 癸가 남동생인데 그 뿌리가 되는 子가 상충살로 인해 상하고
일간의 사지인 卯 위에 있어 심장마비로 사망했다. 물이 불을
끌 때는 익사, 추락사, 뇌혈관 질환, 심혈관 질환 등으로 사망하
는 경우가 많다.

壬 癸 己 己

戌 巳 巳 未 여자

• 종살격이라 壬이 기신이다. 일지 巳는 壬의 절지이다. 나의 일지
가 누군가의 死墓絶地가 되거나 入庫되면 그 해당 육친이 단명
하는 수가 많다. 壬 오빠가 백호살에 걸리고 기신이고 일지가
오빠의 절지라서 오빠가 어릴 때 죽었다.

8

丁 己 己 辛   戌

卯 卯 亥 卯 남자   戌

• 종살격에는 비겁이 기신이다. 연월주에 관살이 많을때는 형제
가 단명한다. 木局이 약한 월간 己土를 뚫고 올라가니 형제가

단명했다.

- 戊戌대운은 종살격에 역행하고 대운지 戌은 旺神入墓하는 불길한 운이라 이복 누나가 처녀 시절에 죽었다. 그 후로 두 형제가 더 죽었고 한 형제는 폐인이 되어 시설에 가 있다.
- 이런 사주 구조는 본인의 소화기가 아주 약해지기 쉽다. 土는 위나 장이기 때문이다. 약한 土를 木이 자라오르면서 뚫는 형상이다.

甲 癸 戊 丙
寅 亥 戌 午 남자

- 戊癸合化火格에 亥는 기신이고 寅亥合으로 亥가 사라지고 戌亥 천문살도 걸려 있어 형제가 단명하였다.

庚 丁 丁 丁
戌 未 未 酉 여자

- 관성이 없어 합신으로 배우자를 찾는다. 일지 속의 乙과 합하는 庚이 배우자다. 庚은 자매의 남편이기도 하고 남형제의 부인이기도 하다. 庚이 丁을 많이 만나 군비쟁재가 심하니 이 여성과 자매 그리고 남동생 셋 다 이혼했다.

丙 乙 丙 乙
戌 巳 戌 未 여자

- 종아격이고 丙이 체다. 월주의 丙戌 백호를 연주의 乙未 백호가
  치니 남동생은 소아마비로 장애가 생겼고 이복 여동생은 중년
  에 암으로 사망했다.
- 종하기 전의 일간 乙로 보더라도 마찬가지다. 연주 乙未 백호를
  丙戌 백호가 친다. 乙은 未 고장지 위에 있어서 힘이 없고 지지
  가 흔들리고 丙은 戌에 입고되고 백호살이다.

辛 庚 癸 丁
巳 子 卯 亥 남자

- 辛이 여동생인데 巳 사지에 앉고 巳에서 庚이 투간하니 사신발
  동이다. 사신발동되면 더욱 확률이 높아진다. 여동생이 일찍 세
  상을 떠났다.

0 癸 庚 癸
0 未 申 丑 남자

- 연간 癸가 형제인데 백호살이고 지지로는 丑未충이 있다. 癸에서 申
  은 사지인데 申에서 庚이 솟아 사신발동이니 형제가 흉사했다.

戊 辛 丁 庚
戊 亥 亥 子 남자

- 형제인 庚이 子 死地에 놓이고 水가 많아 설기가 심하고 금침수
  저가 되었다. 단명한 형제가 있다.

戊 己 癸 丙
辰 卯 巳 辰 여자

- 戊辰과 일주는 1급 태풍이고 戊辰은 백호살이다. 오빠가 오토
  바이 사고로 흉사했다. 己卯 일주에 戊辰時는 형제운을 잘 봐
  야 한다.

丁 丙 甲 乙
酉 申 申 巳 여자

- 巳申형합되니 巳가 사라진다. 이복오빠가 단명했다. 巳는 일간
  의 건록이라 또 하나의 자신의 몸이라고도 본다. 신약한 사주
  에 巳가 刑合되니 이 여성도 암으로 단명했다.

己 辛 庚 丙
丑 酉 子 戌 여자

- 庚은 오빠인데 子 死地에 앉고 丙戌 백호의 극을 받아 군에서
  사고사했다. 庚子와 己丑은 1급 태풍이다.

戊 己 庚 辛
辰 卯 寅 亥 여자

- 일과 시에 1급, 일과 월에 1급의 태풍이 있어 순탄치 않은 삶이
  다. 연월주에 寅亥合木으로 관살이 강하니 단명 형제가 있다.

0 己 己 丙
0 亥 亥 申 여자

- 丙과 己들이 모두 無根하니 종재격이다. 종재격은 인수와 비겁
  이 기신이다. 약한 己土가 강한 물에 떠내려가니 언니는 38살에
  뇌질환으로 病死하고 오빠는 50대 후반에 간경화로 단명했다.

癸 乙 戊 壬
卯 巳 申 寅 여자

- 寅巳申 삼형살로 寅이 가장 손상이 심하니 친형제는 다 죽고 이
  복형제만 남았다.

재물 운

돈이 많은 사주

丁 辛 丙 丁
酉 酉 午 酉 **남자**

- 사주에 財星이 하나도 없으나 큰 부자다. 조금 돌려서 보면 잘 보이고 정확하다.
- 배우자성이 없으니 합신으로 찾아야 한다. 일간 辛과 합하는 丙이 아내이다. 아내인 丙의 입장에서 보면 金이 많으니 돈이 널려있다. 辛, 酉, 酉, 酉.
- 丙에서 보면 丁은 친정의 남형제인데 다섯 명이라고 한다. 그들이 돈을 끝없이 뜯어간다고 한다. 丙에서 丁은 겁재 즉 도둑들이다.

53 43 33 23 13 3

庚 壬 壬 辛 　 　 戊 丁 丙 乙 甲 癸
戌 午 辰 亥 여자 　 戌 申 酉 未 午 巳 대운

- 신강한 사주라 재관이 희용신이다. 연월주에 기신이 많아 초년
  에는 가난하고 고난이 많았으나 일지가 午 희신이니 중년부터
  재산이 많아졌다. 戌이 旺水를 막아주어 용신이고 午戌 火局까
  지 있어 先貧後富 사주다.

57 47 37 27 17 7

辛 己 丁 戊 　 　 癸 壬 辛 庚 己 戊
未 卯 巳 午 남자 　 亥 戌 酉 申 未 午 대운

- 卯는 旺火에 타니 용신이 될 수 없어서 종왕격 사주다.
- 초년 戊午 己未대운은 종왕격에 순응하는 운이라 서울의 명문
  대를 나왔고 부모의 재산이 수백억으로 불어났다.
- 酉대운에는 모친인 巳가 巳酉 半金局으로 사라지니 혈액암으로
  별세했다.
- 강한 土를 설기시키는 金대운까지는 매우 좋은 운이나 癸亥 甲
  子 대운은 종격에 역행하는 아주 힘든 세월이 될 것이다.

庚 戊 癸 丙　　　 己 戊 丁 丙 乙 甲
申 戌 巳 戌 남자　 亥 戌 酉 申 未 午 대운

- 戊癸合化火格 사주이고 戊癸合해서 나온 火가 주체가 되면 庚
  申은 부친, 처, 돈이 된다.
- 초년 火대운에는 가난했고 부친을 사별했으며 고졸로 그쳤지만
  서방 金대운에 주유소 사업에 뛰어들어 천억이 넘는 재산을 모
  았다. 주유소만 6개가 되고 현금이 600억이 넘는다고 한다. 이
  미 15년 전에….
- 官이 약해서 명예는 약하다. 국회의원에 수차 낙선했다. 쌍귀문
  살이 丙과 戊로 발동하니 서울까지 다니면서 역학 레슨을 받은
  적이 있다고 한다. 예민하고 모가 난 성격에 의처증까지 있어
  부인이 힘들다고 하소연했다. 여동생의 남편은 어느 대도시의
  시장을 한 사람이다.

丁 乙 丙 己　　　 癸 壬 辛 庚 己 戊 丁
亥 亥 寅 亥 여자　 酉 申 未 午 巳 辰 卯 대운

- 곡직인수격에 종강격을 겸하고 있다. 용신은 강한 木을 설기시
  키는 丙 丁이다.
- 사주에 己 재성은 있으나 미미한 존재지만 용신이 강해지는 午
  대운에 100억 이상의 재산을 모았다.
- 초심자들은 재성만 가지고 금전운을 논하는데 재성이 하나도

없는 사주라도 부자는 많다. 용신이 강해지는 운이나 종격을 역행하지 않는 운 등에 재물이 모인다.

				52	42	32	22	12	2	
己	辛	丁	辛		辛	壬	癸	甲	乙	丙
丑	亥	酉	丑	남자	卯	辰	巳	午	未	申 대운

- 종왕격 사주이고 용신은 설기자 亥다. 재성은 亥중 甲木뿐이지만 100억 이상의 재산을 모았다.
- 巳대운은 운에서 들어온 巳 官星이 巳亥충으로 부딪치니 퇴직하고 사업을 시작했는데 큰돈을 모았다. 辛대운까지는 잘 나갔다. 壬대운은 용신운이라 큰돈을 벌었다.
- 辰대운은 辰酉합으로 무난했고 辛대운도 종왕격에 순응하니 무난했으나 卯대운은 운에서 들어온 편재 卯가 酉와 상충살을 일으키니 그때부터 고전을 하고 있다. 선거에도 낙선하고 사업은 기울고 아내는 우울증으로 칩거하고 있다.
- 영원히 좋은 운만 있을 수는 없다.

甲辛戊庚　　　乙甲癸壬辛庚己

午卯子寅　남자　未午巳辰卯寅丑 대운

- 종재격 사주이고 인성과 비겁이 기신이다. 木대운부터 발복하여 乙대운까지 수백억 재산을 형성했으나 未대운은 기신운이고 많은 木을 입고시켜 부인이 혈액암으로 별세했다. 부인 나이로는 67살이었다.
- 부인과 사별을 했지만 재산이 줄어들지는 않았다.

乙庚庚辛　　　癸甲乙丙丁戊己

酉戌子卯　남자　巳午未申酉戌亥 대운

- 乙庚合化金격에 從旺格을 겸했다. 財官이 기신이고 합거되거나 戌에 入墓되니 결혼을 세 번 했다. 金대운에 종격에 순응하는 운이라 부동산이나 건축업 등으로 수백억 재산가가 되었다. 재성이 꼭 돈이라고 본다면 이 사주는 거지 사주가 아니겠는가.

丙乙己庚　　　丙乙甲癸壬辛庚

子卯丑子　남자　申未午巳辰卯寅 대운

- 겨울나무에는 태양이 필요하다. 丙이 조후용신이다. 水旺之節이라 乙이 신약하지는 않아 설기용신이라고 볼 수도 있다. 丑월은 亥子丑에 속하니 水의 기운이 많다.
- 초년 癸대운까지는 진로 장애가 많고 부모 형제 덕이 없어 자수성가했다. 상관이 용신이니 어학에 뛰어난 능력이 있어 외국어 학원을 운영한다. 巳대운부터 발복하여 부산 시내의 요지에 건물이 세 채나 된다.

壬 癸 壬 甲
戌 丑 申 辰 남자

- 신강하니 戌이 용신이고 財庫라 돈이 많다. 큰 대형약국을 운영하는 약사다. 일시가 刑되고 백호살이라 수 년전에 부인과 사별했다. 戌 중의 丁火가 부인이다.

壬 辛 丁 己   庚 辛 壬 癸 甲 乙 丙
辰 丑 丑 酉 남자   午 未 申 酉 戌 亥 子 대운

- 인성이 혼잡되고 土多埋金이 되었으나 월지 丑은 酉丑金局으로 金이 더 강해져 일간과 같이 힘을 합해서 土를 설기하니 사주가 맑아졌다.
- 초년 水대운은 좋고 甲대운은 己를 합거시켜서 좋고 배필을 만나는 운이다. 정재운이고 나의 표출신인 己에게도 합신이기 때

문이다.

- 戌대운은 지지를 흔들어서 어수선하고 변화를 모색하는 운이라 아마도 직업상 변화가 있었을 것이다.
- 癸酉 壬申 대운은 용신인 壬이 강해지고 病인 土를 申酉金이 설기시키니 많은 재물이 들어온다.
- 신강하니 고집은 세지만 壬상관이 용신이라 약자나 수하인에게 잘 베푸는 기질이 있다.

				54	44	34	24	14	4
丙	庚	丙	甲		庚	辛	壬	癸	甲	乙
戌	戌	子	午		午	未	申	酉	戌	亥

- 일간이 약하지는 않지만 편관의 극이 심하다. 子로써 식상제살을 해야 한다. 식상제살격이다
- 조선족 재중교포인데 甲戌대운에 문화혁명을 겪으며 대학 진학도 하지 못한 채 집단농장에 끌려가서 4년간 노동을 하고 2년간은 무보수로 초등학교 교사생활을 했다.
- 癸대운에 용신운이라 문화혁명이 끝나고 다시 대학들을 세워서 학생들을 모집할 때 북경에 있는 대학에 갔다. 癸酉대운과 壬申대운은 용신운이라 총리비서실에서 오래 근무했다. 남편은 컴퓨터 사업을 시작해서 엄청난 돈을 벌었다.
- 재성은 약하디약한 甲木밖에 없지만 용신이 강해지는 운을 만나 발복한 것이다.

질병 운

29

戊 戊 辛 壬　　　　甲
午 戌 亥 戌　　　　寅

- 종왕격 사주니 財官이 기신이라 壬, 亥가 기신이다. 설기해야 할 辛도 설기가 심하여 자기 자신도 살아남기 힘들다.
- 戌亥 천문살이 두 개나 있고 연월주에 1급 태풍이 있어 예민하고 걷잡을 수 없는 성격에 우울증까지 왔다.
- 甲대운간은 편관칠살이고 대운지 寅은 火局을 이루어 더욱 갑갑한데 甲寅 대운과 일주인 戊戌과는 4급 태풍이다. 사주원국의 1급 태풍까지 같이 불어 더욱 분별력을 상실케 하여 자살하고 말았다.

43

庚 辛 辛 辛　　　丙

寅 亥 卯 亥　여자　申

- 천간의 비겁이 다 無根해서 종재격이다. 많은 木을 설기시키는 寅 중의 丙이 용신이다.
- 丙대운은 寅에서 올라온 용신인 丙이 많은 辛에게 합거되고 대운지 申은 천을귀인인 寅을 충극하니 丙대운 45살 때 위암수술이 있었다.

54

庚 丙 丙 己　　　壬

寅 子 寅 亥　여자　申

- 壬대운은 편관칠살운이고 대운지 申은 일간의 장생지인 寅을 충하여 흉한 운이다.
- 간암 초기에 발견해서 완치했다.

35

丙 壬 甲 庚　　　戊

午 辰 申 寅　남자　子

- 申辰 반수국으로 신왕하니 丙午가 용신이나 헛불이다. 강해 보이지만 木이 없어 헛불이다. 甲과 寅은 자신의 존명에도 급급해서 火를 생조하지 못한다. 강한 庚申金에 의해서 木은 그 역할을 할 수 없다.
- 甲과 寅은 식신인데 파극 당하여 후두마비로 언어 소통이 많이 불편하다.
- 월주와 시주에 2급 태풍, 연주와 시주에 4급 태풍이 있는데 모두 용신인 丙午를 향해서 불고 있다.
- 戊대운간은 편관칠살이고 子 대운지는 용신 午를 극하는 중에 癸酉년을 만나 癸는 丙을 끄고 酉는 丙의 死地이다. 물이 불을 끌 때에는 익사나 추락사, 심혈관이나 뇌혈관 질병이 많다.
- 癸酉년은 시주 丙午와 3급 태풍이고 甲申과는 1급이다. 대세운과 사주원국에서 모두 4개의 태풍이 휘몰아치는 가운데 44살에 영화를 촬영하다가 추락사했다.

55 45 35 25 15 5

辛	戊	癸	壬		丁	戊	己	庚	辛	壬	
酉	午	卯	寅	여자	酉	戌	亥	子	丑	寅	대운

- 正官用印格이다. 子대운은 子午충으로 용신이 충극되어 허리 수술이 있었다. 子午충은 심혈관이나 허리, 다리 계통의 질병이 많다.
- 戊대운에 용신인 午가 입고되어 갑상샘암 수술을 받았다.

- 酉대운에는 용신 午 중의 丙에게 死地이고 卯酉충으로 왕신이 충극되어 심한 식물성 알레르기에 걸려 활동이 중단된 상태다.

41

己 乙 戊 庚   癸
卯 亥 寅 申   남자   未

- 종왕격이라 庚申과 戊己가 기신이다. 재관이 기신이니 미혼이고 무직이다.
- 庚子년에 寅申의 충이 유발되어 갑상샘암 수술을 받았다.
- 사주원국에 相沖殺이 있을 때 대세운에서 상충하는 글자들의 지장간이 솟으면 상충살이 유발된다. 사주원국에 상충살이 있다고 해마다 상충살이 일어나는 것은 아니다.
- 庚子년에는 庚이 申에서 투출되어 상충살을 유발한 것이다.

17

甲 乙 戊 己   丙
申 丑 辰 未   남자   寅

- 土多가 病이고 부친 덕이 없다. 부모가 이혼했고 부친과 함께 산다.
- 甲이 정신력이나 뇌혈관 등을 나타내는데 甲이 너무 약하고 멀

리 있는 己未에 合入庫 되다 보니 조현병이 와서 의가사 제대를 했다.

- 丙寅 대운이 甲申과 천충지충한다.

49

甲 己 癸 丙　　　戊
子 巳 巳 午　남자　戌

- 戌대운은 火 왕신이 입고되는 불길한 운이다. 庚子년을 만나 庚金이 甲을 치니 근무 중에 머리를 다쳐 구사일생하였으나 인지능력이 떨어져 재활치료 중이다. 甲己합으로 甲이 약하다.
- 甲은 뇌혈관, 정신력, 간 등이다.

辛 丁 丁 癸　　　壬 癸 甲 乙 丙
丑 未 巳 亥　남자　子 丑 寅 卯 辰 대운

- 연주와 일주에 4급, 월주와 시주에 4급, 연주와 시주에 2급.
- 癸亥가 丁巳를 천충지충하니 젊은 나이에 뇌경색이 왔다. 가족력이다. 본인은 뇌수술의 권위자다. 물이 불을 끄면 심혈관질환이나 뇌혈관질환, 추락사, 익사 등이 많다.
- 사주는 불길한 점이 많으나 한 해에 200명이 넘는 환자를 뇌수술로 살리는 공덕이 높아 장수할 것이라 믿는다.

1) 그 부인의 사주

乙 庚 庚 甲
酉 辰 午 子 여자

- 괴강일주에 관성인 午가 충극이 심해 남편건강을 잘 챙겨야 한
  다. 합신인 乙을 남편으로 보더라도 쟁합이 심하다.

2) 그 아들의 사주

丙 丙 丙 甲
申 寅 午 午 남자

- 申이 부친인데 寅申沖되고 旺火에 녹고 있다. 옛날 같으면 부친
  이 단명할 수도 있으나 지금은 시대가 다르고 의술이 발달해서
  관리를 잘하면 장수할 것이다.

				52
丁	戊	庚	癸	丙
巳	申	申	卯 여자	寅

- 寅대운에 寅巳申 삼형살이 일어나 유방암 2기에 수술 받았고

돈 거래하다가 6천만 원을 타인에게 떼였다고 한다. 목숨이 경각에 달린 사람의 돈을 떼어먹는 사람의 심장은 강철로 만들어진 모양이다.

<pre>
          62 52
0 己 庚 甲   丁 丙
0 未 午 午 남자   丑 子 대운
</pre>

- 甲이 약해서 왕신충극되는 子대운에 알츠하이머에 걸려 丁대운에 별세했다. 丁대운은 庚이 극되니 甲이 己未에 쉽게 合入庫된 탓이다.

<pre>
              38
癸 癸 丁 庚   癸
戌 亥 亥 子 여자   未
</pre>

- 신강하니 戌이 용신이다. 未대운에 용신을 刑하니 생명의 위험이 있다. 戌이라는 둑이 터져 강물이 모든 것을 쓸어가는 형상이라 본인은 유방암 수술을 받았고 戌 남편은 공무원이었는데 사기공모죄에 연루되어 직위해제 되고 구치소에 수감 되었다.

42

庚 丁 丁 丁   壬

戌 未 未 酉   여자   子 대운

- 未월이라 火旺之節이니 신왕사주다. 戌로써 식상생재하는 庚이 용신이다. 군비쟁재가 심하다.
- 庚金은 폐나 기관지 등인데 용신 庚의 死地인 子대운데 폐암 수술과 자궁적출 수술이 있었다. 저세상 사람이 되었다.

庚 戊 甲 壬

申 子 辰 子   여자

- 申子辰 삼합으로 庚申이 떠내려 간다. 식신이 약하니 불임이다.

58

辛 庚 己 戊   乙

巳 子 未 子   남자   丑 대운

- 신왕하고 土多埋金이니 子가 용신이다.
- 丑대운은 용신인 子가 子丑합으로 묶이니 실직하고 질병이 심했으나 남은 子가 분발하여 생명은 유지가 되었다.
- 가상관격은 인수운이 필멸이다.

庚 壬 壬 丁　　　丙
戌 戌 子 未　여자　辰 대운

- 辰대운은 왕신충극하니 좋지 못한 운이다. 유방암 3기에 수술
  했다.

46

丁 辛 庚 辛　　　丙
酉 巳 寅 丑　여자　申

- 신왕하고 군비쟁재가 심하니 巳 중 丙이 용신이나 巳酉丑 金局
  으로 사라지니 허약한 용신이다.
- 巳는 남편이고 酉 비견과 합하니 남편의 바람으로 속을 썩이다
  가 이혼했다. 스트레스 받은 탓인지 丙대운에 다발성 암으로 별
  세했다. 대운간 丙은 巳나 寅에서 올라와서 연간 辛에 합거되고
  대운지 申은 寅巳申 삼형살을 일으키기 때문이다.

```
        43 33
癸 丁 丁 癸      壬 癸
卯 巳 巳 卯  남자   子 丑  대운
```

- 癸는 뿌리가 없고 卯에 설기되어 용신이 되지 못한다. 종왕격이다. 종왕격에는 癸가 기신이다.
- 癸대운은 편관칠살운이고 기신운이라 병명 미상의 병으로 고생하다가 겨우 살아났고 癸가 得祿하는 子대운에 간암 초기에 수술을 받았다.

```
        59 49
庚 戊 乙 己      辛 庚
申 戌 亥 亥  여자   巳 辰  대운
```

- 신약하니 戌이 유일한 의지처다. 申酉戌 金局으로 허약한 戌이다. 사주에 물이 너무 많아 病이다. 水는 신장, 방광 계통이니 한 20년 투석하다가 辛대운 초에 별세했다. 辛은 일지에서 투출한 나의 투출신인데 대운지 巳가 辛의 死地이고 巳亥충으로 왕신충극했기 때문이다.
- 辰대운이 위험할 줄 알았는데 申辰 半水局으로 辰戌충이 좀 약해진 덕인 것 같다.

乙 辛 癸 癸　　丁 丙 乙 甲
卯 酉 亥 丑 여자　卯 寅 丑 子 대운

- 일간은 약하고 식상은 왕하다. 母衰子旺이라 자궁이나 유방, 갑
  상선 쪽이 약한 체질이다.
- 일간의 유일한 의지처인 酉를 卯가 치니 단명이나 장애 사주이
  다. 丁卯대운이 일주를 천충지충하니 딸 하나 낳은 후 아들을
  임신한 중에 유방암 3기임을 발견했다.

41

壬 辛 甲 癸　　　己
辰 巳 寅 卯 남자　酉 대운

- 종재격이다. 酉대운에 종격에 역행하는 운이고 왕신충극에 상
  충살과 수옥살까지 일어났다. 위암 3기에 수술 받았다.
- 연월주에 1급, 일시주에 1급, 월일주에 3급, 월시주에 2급, 연일
  주에 2급, 연시주에 1급. 모두 6개나 되는 소용돌이가 있어 순
  탄치 않은 삶이다.

丙 辛 丙 丙
申 丑 申 寅　여자

- 寅의 손상이 심하니 寅은 부친이고 부친의 간도 되고 나의 간도 된다. 부녀간에 둘 다 간이 나쁘다.

56

己 丁 庚 丁　　　丙
酉 卯 戌 酉　여자　辰 대운

- 火土傷官用印格이나 용신인 卯가 상충살을 받고 戌에 입묘도 되니 단명할 조짐이 보인다.
- 丙辰대운은 일주와 1급 태풍이 불고 辰戌충으로 卯酉충이 유발되어 유방암 1기에 발견했으나 공격성 암이라 세상을 떠났다. 卯酉충을 戌이 卯를 합하여 말리고 있는데 辰대운이 戌을 치니 상충살이 바로 일어났다.

13 3

乙 丙 辛 甲　　　癸 壬
未 辰 未 戌　남자　酉 申 대운

- 화토상관용인격이라 乙이 용신인데 일간이 용신인 乙을 등지고

기신인 辛과 합하여 밝은 것을 등지고 어두운 곳으로 향하는 상이다. 해서 안 되는 짓만 골라 하게 된다. 乙이 공부이고 모친이며 선생인데 공부와 어른들의 말은 뒷전이고 여자나 돈을 탐하는 상이다. 문제는 忌神과의 합이다. 이런 사주는 살아갈수록 막히게 되어 있다.

- 이성교제는 전혀 없었으나 인터넷 도박에 빠져있다가 입대했다. 백일휴가를 나왔다가 귀대하기 하루 전날 밤에 아파트에서 투신자살했다.
- 酉대운 말 22세의 나이로 요절했다. 酉대운은 약한 일간의 사지이고 대운간 癸는 일간을 극한다.
- 壬대운은 편관운이라 독사에 물렸었고사시수술을 받았다. 壬이 일간을 극하는 것을 甲이 말렸다.
- 癸대운은 丙辛의 합을 풀어주어 평범하게 잘 자랐다.

24

```
癸 戊 壬 庚          乙
亥 辰 午 申 남자    酉 대운
```

- 신약하니 午가 용신인데 용신을 등지고 기신인 癸亥와 합하여 일간의 절지인 亥로 향한다. 돈이나 여자에 빠지면 비극이 일어난다. 도박으로 가난한 집안 살림이 내려앉았다.
- 酉대운은 일간과 용신 午 중 丙火의 死地이다. 더욱 신약해진다. 辰酉합으로 약한 뿌리가 하나 없어진다.

- 연월주에 2급 태풍이 있는데 乙未년에 일주와 또 3급 태풍이 일어나 분별력이 없어진다. 어린이날에 목매어 자살했다.

庚 癸 庚 丁　　　丁
申 亥 戌 未 남자　未 대운

- 신강하니 戌 정관이 용신이나 戌未刑이 있어 불미하다.
- 未대운은 戌未형이 거듭되어 자식궁을 치니 차녀가 다쳐서 중증장애로 기어다니게 되었다. 이 남성은 충격으로 공황장애, 대인기피증, 주벽 등 5가지의 신경성 병이 왔다.

57

甲 丁 庚 壬　　　甲
辰 未 戌 辰 여자　辰

- 火土傷官用印格이다. 용신의 病은 庚이고 용신의 뿌리는 지지의 많은 충으로 인해 상했다.
- 辰대운은 辰戌충으로 庚이 흔들리니 노한 庚이 용신인 甲에게 분풀이하는 형국이다. 폐암으로 별세했다.

己甲戊乙　　　甲 癸 壬 辛 庚 己

子申子巳 여자　午 巳 辰 卯 寅 丑 대운

- 인수용인격이다. 약한 일간이 子에 의지해야 하는데 甲申과 戊 子는 4급 태풍이라 용신이 일간과 무정해지고 일간 甲은 기신 인 己와 합해간다. 기신과의 합이다.
- 지지에 辰巳 지라살이 중첩되어 예민하고 분별력이 약하다.
- 용신 子가 입고되는 辰대운에 정신이상으로 가출하여 행방불명 이 되었다.
- 다가올 癸巳대운은 일주와 1급 태풍이고 甲午 대운은 연주와 1 급 태풍이 부니 정신이 돌아오기는 어렵고 단명할 수도 있다.

육친 찾는 법

19 9

乙甲癸癸　　　乙 甲

亥辰亥亥 여자　丑 子 대운

- 관성인 金이 없지만 두 번 결혼했다. 合神을 찾아서 배우자로 보면 된다. 일지의 지장간 辰 中 戊와 명암합하는 癸가 남편이 다. 癸가 둘이니 재혼지명이다.

- 일지와 癸亥 사이에는 귀문 원진살이 있고 일지가 癸를 入庫시키니 재혼해도 갈등은 심하고 남편들은 다들 무기력하다.

乙 壬 癸 甲
卯 申 酉 寅 여자

- 寅 중 戊土는 癸와 명암합하니 자매나 남의 남편이고 내 남편은 일지 속의 庚과 합하는 乙卯다. 상관이 남편이니 자식 같은 남편이라 말 안 듣고 자유분방한 남편이다. 무능력한 백수다.

29

癸 壬 庚 壬   癸
卯 辰 戌 戌 남자   丑 대운

- 戌 중의 丁이 처인데 입고되어 있고 戌이 둘이라 丁도 둘이다.
- 丑대운 35살에 丑戌형으로 戌 하나가 제거되니 부부궁이 정리되어 만혼했다.

己 乙 辛 甲
卯 巳 未 子 중국 여성

- 乙巳일이 천간에 또 관성이 투간되면 해로하지 못한다는 추명가 구절처럼 이 여성은 세 번 이혼했다. 이 젊은 나이에 참으로 부지런하다.

丙 丙 庚 辛
酉 寅 寅 酉 여자

- 관성인 水가 없어서 일간과 합신인 辛酉가 배우자다. 나 丙을 합하여 酉 死地로 끌고 가는 남편이라 해로가 어렵다. 이혼했다.

丙 辛 甲 癸
申 未 寅 未 남자

- 甲은 부친이고 未는 모친이다. 甲 하나에 未가 둘이니 부친은 재혼이고 바람둥이다.

甲 己 乙 壬
巳 寅 巳 寅 여자

- 水가 아내인데 주중에 보이지 않는다. 일간의 합신인 甲이 아내이다. 정관이 처니 남편 같은 아내라 맞벌이를 하고 대소사를 처가 알아서 잘 처리한다.

甲 乙 壬 丙
申 巳 辰 申　여자

- 관성이 많다. 어느 것이 남편일까? 巳 중의 庚이 남편이다. 자식인 巳 중에서 長生을 받는 庚이 남편이다.

甲 甲 壬 辛
子 子 辰 亥　여자

- 자식인 火가 없지만 아들이 둘이다. 정격으로 보면 자식이 보이지 않는다. 이 사주는 인성이 많아 종강격이고 월간 壬이 일간을 대행한다. 일간대행인 壬에서 보면 甲甲이 자식이다. 돌려서 보면 잘 보인다.

乙 庚 壬 丁
酉 子 寅 未　여자

- 乙庚 합해서 일간과 같은 金이 나오니 형제 같지 않은 형제라 이복형제가 많다. 부친이 네 번 결혼했다.

庚 辛 丙 丁

子 酉 午 亥 남자

- 亥 중 甲은 정재이긴 하지만 너무 멀고 물에 젖은 나무라 아내로 보고 통변하면 잘 맞지 않는다.
- 천간에서 간합하는 丙이 부인이다. 그런데 불이 많다. 여자가 여럿인 형상이라 이 남성은 바람을 많이 피운다. 아내인 丙을 辛酉일주가 合死시키니 아내의 입장에서 보면 辛酉 남편이 저승사자 같다. 불화가 극심하다.

乙 丙 庚 辛

未 子 寅 丑 여자

- 庚은 부친인데 寅 절지에 앉고 절신발동한 것이 丙일간인 나라 부친이 단명하셨다.
- 寅과 乙이 모친인데 두 분이시다. 부친이 재혼하셨다. 어느 글자가 나의 생모인가? 寅 중에 丙이 있어 나와 뿌리를 같이 하니 寅이 생모이다. 그리고 월지가 우선인 경우가 많다. 乙은 부친의 후처이다.

乙 甲 甲 癸
丑 辰 寅 卯　여자

- 종왕격에는 財官이 기신이라 부친이 단명하셨다. 甲辰 일주는 부친인 辰이 帶木之土라 힘이 없고 백호살에 걸려있으며 연월주에 비겁이 많고 건록에 양인살까지 있어 부친의 얼굴도 모른다.
- 연월주의 비겁이 일지로 寅卯辰 합을 해오면 색다른 형제가 있다. 이복형제나 씨 다른 형제가 있다. 부친은 세 번, 모친은 두 번 결혼하셨다.
- 설기시킬 火가 필요하나 寅 중의 丙밖에 없어서 약하니 식상이 더욱 발달한다. 말을 잘해서 보험설계사였고 노래도 잘한다. 식상이 발달하니 법을 우습게 여기고 위법행위를 하다가 구치소에 수감되기도 했고 불법으로 의사를 고용해서 병원을 운영하기도 했다.

甲 戊 乙 癸
寅 寅 卯 卯　여자

- 관살이 혼잡하니 남편에게 이복형제가 있다.

庚 己 壬 乙
午 酉 午 卯 여자

- 午午가 있어 부친이 재혼했고 午중에 己가 있어 이복형제가 있다.
- 巳 중의 庚은 乙의 남편이고 내 남편은 合神인 未중의 己土다. 일간과 명암합하고 있다. 정재가 남편이니 아내 같은 남편이라 내가 벌어서 남편을 먹여살리고 있다. 내게 의타심이 많은 남편이다.

25

辛 庚 辛 癸   甲
巳 午 酉 卯 여자   子 대운

- 卯가 부친이라 상충살 받아 59살에 돌아가시고 卯가 부친의 형제로도 볼 수 있으니 부친의 형제도 단명자가 많다.
- 卯를 고모로 본다면 辛酉나 庚들은 고모부인데 卯酉충이라 고모들이 모두 과부거나 이혼녀다.
- 卯木이 충극되니 간, 쓸개에 질병이 생겼다.

辛 丙 辛 壬
卯 辰 亥 寅 여자

- 편재가 시어머니인데 없으니 辛이 시어머니다. 辛에게는 丙이
  정관이라 丙이 시아버지시다. 월간의 辛은 설기가 심해서 사라
  지고 시간의 辛은 卯 절지 위에 있어 약하다.
- 시아버지가 두 번 부부 이별하고 세 번째 처와 해로했다.
- 일간은 꼭 나만을 나타내는 것은 아니다. 다른 육친과 겹치는
  경우가 많다. 고정관념을 버려야 잘 보인다.

辛 壬 癸 丁
丑 辰 卯 亥 남자

- 편재가 없으니 丁이 부친이고 壬癸의 극이 심해서 단명하셨다.
- 일간이 亥水 위의 丁을 합하고 있어 의처증도 있고 처를 옭아매
  고 달달 볶으니 부부불화가 심하다.
- 亥卯 반삼합으로 亥가 사라지니 형제도 단명했다.
- 일지에서 癸겁재가 솟고 일간이 재성과 합하여 탐욕이 많고 이
  중성이 있으며 돈에 집착한다.

戊 壬 乙 戊
申 寅 丑 子　여자

- 寅申충하니 寅이 부서진다. 딸이 하나 죽었다. 寅중의 丙이 부친
  인데 寅申충하니 부모끼리 불화가 심했다. 관살이 혼잡되고 官
  이 기신이라 이 여성도 남편과 사별했다.

丙 丙 辛 乙
申 申 巳 未　여자

- 乙이 모친이다 부친인 申과 육합하는 巳도 모친이다. 부친이 재
  혼하셨고 바람이 심했다. 巳 모친이 申과 두 번 육합하니 모친
  도 재혼했다.
- 辛이 丙들과 쟁합하니 내 돈과 남편은 먼저 본 사람이 임자다.
  관성이 뚜렷하지 않아 합신인 辛을 배우자로 본다. 辛에게는 합
  하는 丙이 둘이고 巳 중의 丙도 있으니 남편은 바람둥이였고
  그로 인해 이혼을 했다. 丙辛合水가 되어 나오는 물이 남편이라
  남편 같지 않은 남편이라 평생 남편 복이 없다.

己 辛 乙 癸
亥 酉 丑 卯 여자

- 관살이 없다. 亥 자식 속에 있는 甲과 명암합하는 己가 남편이
  다. 이런 유형의 사주가 더러 있다. 잘 익혀서 도움이 되시길 바
  란다.
- 辛酉일주는 남편이 丙을 合死시키니 남편 복이 없다. 수십 년째
  별거 중이다.

己 辛 庚 丙
丑 酉 子 戌 여자

- 일주가 남편인 丙을 合死시키고 있고 丙戌이 백호라 남편이 암
  으로 사망했다.

庚 壬 丙 己
戌 申 子 亥 여자

- 戌이 용신이다. 뒤에는 戌土 山이 있고 앞에는 물이 많은 형상
  이니 바닷가 영일만 출신이다.
- 申과 戌 사이에 酉가 숨어있어 정편인 혼잡이니 모친에게 배다
  른 형제가 있다.

戊 甲 甲 丙
辰 戌 午 申　여자

• 부친인 戊辰을 甲戌이 천충지충하고 戊辰이 백호살이니 부친
이 열병으로 급사하셨다. 辰과 戌이 다 손상되니 고모도 단명하
셨다.

단편적인 비법

• 신강하고 귀문살이 있으면 색을 밝히고 신약하고 귀문살이 있
  으면 의심이 많다.
• 신약사주에 식상이 왕하면 헛소리를 남발하고 헛약속이나 거
  짓말, 허풍이 심하고 사기성이 있는 사람들도 더러 있다.
• 일지에서 지장간이 둘 이상 투출되면 일지(나의 내면)가 허해져
  서 정신병이나 신경성병에 걸리는 수가 많다. 정서가 불안하다.
• 시상편인은 자식에게 해롭다. 정인도 많으면 편인으로 작용한
  다. 편인은 식상으로 약화시킬 수 있으니 배려심과 베푸는 선행
  으로 막을 수도 있다.
• 土多埋金 사주는 우울한 듯 말수가 적고 그 속을 알기 어렵다.
  土가 인수가 되니 윗사람 덕, 부모 덕이 부족하고 공부에 지장
  이 오기 쉽다.
• 배우자성이 연간에 있으면 조혼한다. 일찍 이성에 눈을 뜬다.

- 辛酉일주는 酉가 도화살, 홍염살에 해당하고 辛에서 酉가 건록이라 祿桃花라 하여 생김새가 좋은 편이다.
- 甲午일주는 午가 도화살과 홍염살이라 미남 미녀가 많은데 여자인 경우 허영심이 많고 일지가 상관이라 광내기 좋아한다.
- 乙巳 丁亥 己亥 癸巳 辛巳 일주는 일지 역마살 속에 관성이 있는데 천간에 또 정관이나 편관이 투간하면 해로하기 어렵다.
- 甲乙 일간이 丙戌의 월주나 시주를 만나면 자식의 횡액이 있다고 한다. 己未일생 丑戌시도 마찬가지다.
- 원진살이 겹치면 성격이 모가 나고 생김새가 좋지 않고 목소리가 탁한 경우가 있다.
- 관살이 혼잡될 때는 정관이 배우자로 우선시되고 재성이 혼잡될 때도 마찬가지다.
- 천간에 쟁합이 있으면 눈여겨 봐야한다. 해당 육친이 재혼하는 수가 많다.
- 金水傷官 사주는 寒濕한 사주라 애주나 애연가가 많다. 미남 미녀도 많다.
- 火土傷官 사주가 극히 신약하지 않으면 노래에 소질이 있다.
- 木火傷官 사주는 그림에 소질이 있다.
- 일지가 해당 육친의 死墓絶地가 되면 불화나 이별, 사별 등이 일어난다.
- 인수성이 많으면 편인의 작용이 생겨 자기중심적이고 알뜰하다 못해 인색하다. 자식의 애로가 생기는 경우가 많다. 베풀어야 면할 수 있다.
- 사주에 태풍(旋轉, 선전)이 많으면 다혈질이고 인생 여정의 굴곡

이 심하고 타향이나 타국살이 하는 경우가 많다.

- 여명 괴강일주는 머리가 좋고 논리적이며 자존심이 강하고 인물이 좋은 편이나 남편 애로가 심하여 해로 못하는 경우가 많다.
- 丑午(귀문살, 탕화살, 원진살, 상천살)가 있으면 가족에게 폭력적이다. 작은 일에도 원한을 품는 경우가 많다.
- 寅未 귀문살은 寅이 未에 입고되니 피해망상증이 있는 경우가 많다.
- 卯申 귀문살은 영악한 편이니 분별력이 없어보여도 손해볼 짓은 하지않는다.
- 地支에 비겁이 많고 天干에 日刊만 있는 경우 群鷄一鶴이고 일인자격이라 형제나 또래 중에서 특출한 경우가 많고 맏이거나 맏이가 아니라도 맏이 역할을 한다. 자부심이 강하고 왕자나 공주병이 좀 있다. 제 잘난 맛에 산다.
- 배우자성이 두 개가 있으면 그중 하나가 合去되거나 沖去되는 운에 결혼을 한다. 六合으로 묶여있는 경우에는 刑沖殺등으로 합이 풀리는 운에 결혼한다. 배우자성에 형충살이 있으면 합하는 운이 오면 결혼을 한다.
- 女命에 식상이 연월주에 먼저 나와 있고 남편성이 日과 時에 있으면 혼전임신을 한다. 식상과 관이 일주로 합해와도 혼전임신이다.
- 男命 乙일간에 시주가 卯時가 되고 지지에 亥卯未나 寅卯辰 木局이 있으면 처를 학대하고 심하면 처가 자살하는 경우가 있는데 칡덩굴이 己土를 칭칭 감아서 주로 목을 매어 죽는 경우가 있다.
- 연월주의 비견이나 겁재가 일주로 합해오면 색다른 형제가 있

다. 이복형제나 씨 다른 형제가 있다.

- 군비쟁재가 있는 사주는 금전적인 인덕이 없어 돈을 잘 뜯기거나 돈이 샌다. 특히 동업이나 돈거래는 절대로 해서는 안 된다.
- 비겁이 많으면 내 마음도 도둑의 마음과 같아져서 투기성이 많은 편이라 주식이나 비트코인, 도박 등에 빠지기 쉽다.
- 배우자성이 辰(늦봄), 未(늦여름), 戌(늦가을),丑(늦겨울)에 해당되면 연상의 처나 늙은 남편을 만나게 되고 寅(초봄), 巳(초여름),申(초가을), 亥(초겨울)에 해당되면 연하남이나 어린 여자를 만나게 된다.
- 庚辰일에 庚辰시는 가족에게 익사자가 생길 수 있다.
- 戊午 丁未 일주의 남자는 성욕이 강해 양방에 갓 걸 사주다.
- 강한 甲木은 대체로 庚金을 좋아한다. 큰 나무라서 庚(도끼)이 있어야 그릇이 된다.
- 乙木은 辛金을 싫어하며 庚을 좋아한다. 어린 乙에게 辛은 면도칼이며 乙은 도끼 자루가 되고 庚은 도끼날이 되니 乙과 庚이 만나면 서로 쓸모가 있다.
- 丙火는 壬水를 좋아한다. 호수(壬)에 태양(丙)이 빛나는 상이다. 丙은 癸(비, 구름)를 싫어한다. 빛을 잃는다.
- 丁火는 자기를 극하는 癸를 싫어하고 자기의 빛을 약화시키는 丙을 싫어한다. 戊土를 좋아하는데 戊는 화로라서 丁을 오랫동안 담아준다.
- 여명에 辰戌丑未가 다 있으면 해로하기 어렵다.
- 여명에 윤하격, 종혁격, 가색격, 곡직인수격, 염상격은 고독지명이다.

- 여명에 식상이 태왕하면 母衰子旺이 되어 불임이나 난산, 유산 등이 있다.
- 인수성이 과다하면 편인의 역할을 하게 되니 자식으로 인한 애로가 생기기 쉽다. 임신, 출산의 애로나 애물단지 자식이 나올 수 있다.
- 식상이 왕하고 관살이 약하면 生子別夫할 수 있다.
- 女命인 경우 많은 관살 속에 식상이 포함된 사주는 이 남자, 저 남자의 자식을 낳는다.
- 정 편인이 혼잡되면 딸이 재혼할 수 있다. 인수성은 사위이다.

대세운의 흐름

<pre>
                71 61 51 41 31 21 11 1
丙 丙 辛 乙   己 戊 丁 丙 乙 甲 癸 壬
申 申 巳 未 여자   丑 子 亥 戌 酉 申 未 午 대운
</pre>

- 巳와 未 사이에 午가 있어 신약하지 않다. 이 사주의 나쁜 점은 火金의 교쟁이다. 최대의 기신은 시간의 丙이다. 丙丙辛으로 쟁합되어 내가 가진 것을 남에게 뺏기는 형상이다. 辛은 돈이기도 하고 합신이라서 배우자이기도 한데 남이 뺏어간다.

- 火金의 교쟁을 통관시켜줄 濕土가 필요하고 시간의 丙을 없애줄 천간의 壬癸水가 필요한데 그 어느 것도 제대로 없어 고달프고 인덕 없는 명조다. 신강하고 財도 강해서 부자 사주 같아 보이지만 겨우 밥 먹고 사는 정도다. 이 또한 濕土나 官殺이 없어 통관도 안 되고 군비쟁재도 말릴 수 없기 때문이다.

- 壬 癸 대운은 시간의 丙이 사라지니 경쟁력이 강해지고 홀로 빛날 수 있다. 유복하게 성장하고 공부도 뛰어나게 잘했다. 그러나 壬대운은 壬이 천간에 뜨니 지지에서 巳申형살이 일어나 형

역의 향기 종합편

제가 죽었다. 대운지 午에서는 남동생과 여동생이 태어났다. 午 중에는 丙丁이 있으니까.

- 사주에 乙이 巳午未 火局에서 타고 있어서 목이 마른데 午대운 에는 더욱 목마른 형상이라 형제가 죽는 바람에 모친이 술에 빠져서 집안이 기울어지기 시작했다. 공부도 하지도 않고 매일 모친에게 학대 당하는 세월이었다.

- 未대운에는 燥土가 사주를 더욱 조열하게 하니 공부에는 소홀 하고 성적은 부진하며 未대운은 모친 乙을 입고시키니 모친은 더욱 정신을 못 차리고 술독에 빠져 이 여성을 학대하였다.

- 甲申대운은 연주와 1급 태풍이 일어나고 대운간 甲은 더욱 신 강하고 조열하게 하여 부친인 申이 약해진다. 부친이 퇴직금을 일시불로 받았다가 사기를 당해서 가정은 몰락하고 가족들은 뿔뿔이 흩어졌다. 간신히 취업이 되었다.

- 대운지 申은 巳 건록을 못 쓰게 한다. 퇴직을 했다가 1년 만에 복직을 했다. 申 중에 壬水가 있어 결혼했으나 巳申合刑破라 극 단의 고통을 겪었다. 주색잡기와 분노조절장애가 있는 남자를 만났기 때문이다.

- 乙酉대운은 일주와 시주에 1급 태풍이 두 개나 불어온다. 이혼 했다. 자식을 못 데려오고 고독과 원한 속에서 살아왔다.

- 丙戌대운은 丙이 또 쟁합을 일으키니 직업상 스트레스가 심했 고 퇴직 욕구가 생겼다. 丙이 뜨면 지지에서는 巳申刑이 유발되 기 때문에 변화를 모색한다. 대운지 戌은 巳戌 귀문살을 이루 고 戌이 未를 치는 바람에 巳午未 방합이 깨져서 巳申형살이 유 발됐다. 戌대운 46살에 퇴직하고 역술인이 되었다.

- 丁亥대운은 월주의 辛巳를 천충지충하니 사주의 巳申형살이 사라져 평온하고 가난을 벗어나기 시작했다. 역학 스승은 丁亥 대운에 남편이 죽을 거라고 말했지만 아무 일이 없었다. 辛巳라는 기둥만 없으면 아주 평온할 사주다.

- 역학 스승이 戊子대운이 가장 편할 거라고 했지만 질병이 있었고 코로나로 인한 수입 감소만 있었다.

- 戊대운은 戊가 투출되면 巳申형살이 일어난다. 戊가 巳와 申에서 올라왔기 때문이다. 분당서울대 병원에서 뇌동맥류 수술을 받았다.

- 子대운은 巳와 未 사이에 있는 午를 치기 때문에 巳午未 방합이 깨져서 巳申형살이 유발되어 질병이 잦다. 형살 때문에 祿이 손상되어 수입이 반토막 났다.

- 己丑대운은 습토가 통관시키니 좀 더 건강해질 것이고 火氣가 설기되니 좀 더 바빠질 것이다.

- 庚寅대운은 寅이 일간의 長生地다. 젊은이들은 장생지 운을 받으면 운세가 풀리거나 새로운 도전을 하는 좋은 운이지만 늙은이들이 長生한다는 것은 다른 세상으로 가서 장생한다는 뜻이니 저세상으로 갈 것이다. 좋은 팔자로 못 태어났지만 그것을 극복하기 위해 최선을 다해서 노력해 왔다는 것이 그나마 다행이다. 이 세상에 태어날 때 선택의 여지가 없이 태어났지만 주어진 여건 내에서 최대한 노력하여 삶의 가치를 지켜야 한다.

- 이 사주는 正格의 건록격 사주인데 배우자의 사주는 從殺格 사주다. 대체로 정격은 정격끼리 종격은 종격끼리 만나야 잘 살 수 있다. 정격과 종격이 만나면 풍파가 심하거나 해로 못하는 수가 많다.

壬 辛 庚 壬　　　　癸 甲 乙 丙 丁 戊 己

辰 巳 戌 寅 여자　　卯 辰 巳 午 未 申 酉 대운

- 寅午戌 반삼합으로 寅이 타니 부친을 조별할 조짐이 사주원국
  에 있다.
- 酉대운은 酉가 寅을 겁살하고 겁재 庚이 강해지는 운이라 부친
  을 사별했다. 9살인 庚戌년이다. 庚戌이 庚戌에 복음이 되고 겁
  재가 거듭되고 많은 불이 戌에 입고되는 旺神入庫운이다.
- 이 사주는 일간이 어느 정도 힘이 있지만 관살이 많아서 病이
  되니 壬水로 관살을 제압해야 한다. 식상제살격이다. 여린 듯
  끈덕지다.
- 겁재가 강해지는 戊申대운까지 고생했다. 초등학교 정도의 학
  력이다. 가난하게 성장했다. 어릴 때부터 옷 만드는 공장에 다
  녔다.
- 이 사주는 남편인 巳보다 자식인 壬이 먼저 나와 있기 때문에
  혼전임신했다.
- 丁대운은 丁壬合하니 남은 壬이 질투로 난동하여 壬 자식이 생
  겼다. 丁대운에 조혼했고 丁이 편관이고 壬 상관이 발호하니 결
  혼과 동시에 불화 속에서 살아왔다.
- 庚은 巳에서 올라갔으니 남편의 표출신이고 겁재라 돈 안 되고
  바람기 많은 남편이다. 庚은 戌이 홍염살이라 또한 바람기가 많
  은 것이다. 庚은 일지에서 올라간 이 여성의 표출신이기도 하니
  이 여성 또한 바람기가 많다.
- 乙대운은 남편과 나의 표출신 庚이 乙이라는 합신을 만나서 부

부가 다 바람이 나서 이혼했다. 나의 표출신 庚에서는 乙이 남자도 되고 돈도 되니까 옷 공장을 차려서 돈을 조금 만지기 시작했다.

• 甲대운은 정재운이라 돈을 벌 것 같지만 겁재 庚에 의해 파극되니 손재운이다. 대운지 辰도 辰戌의 충을 일으키니 변화나 정리운이다. 코로나로 영업 부진을 겪었을 것이다.

46

己	丙	丙	丁		辛
亥	寅	午	酉	남자	丑

• 辛대운은 군비쟁재가 된다. 여럿이 모여 돈을 나누는 형상이다. 사기 사건에 연루되었다. 군비쟁재가 되면 내 마음도 도둑과 같이 탐심이 생기는 것이다.

• 丑대운은 傷官운이라 辛대운에 했던 일들이 丑대운에 터져서 직위해제 되고 구치소에 수감되었다.

• 丑대운 丙戌년에는 하늘에 해와 달이 셋이나 번쩍거리는데 丙戌년에 또 하나가 더 번쩍거리니 시끄럽고 모두 빛이 죽는다. 戌亥 천문살이고 戌이 관성인 亥를 극하니 관재구설이 일어난 것이다.

$$64 \quad 54 \quad 44 \quad 34 \quad 24 \quad 14 \quad 4$$

丙 乙 丙 辛 己　　庚 辛 壬 癸 甲 乙

戌 酉 申 丑 남자　　丑 寅 卯 辰 巳 午 未 대운

- 종살격이고 일지에서 올라간 辛이 자신의 표출신이고 강하니 일간을 대행한다. 많은 金을 발밑에 깔고 홀로 솟으니 안하무인 이고 말도 거만하게 내뱉는다. 외아들이니 장남인 셈이다.
- 부친은 乙인데 매우 약하다. 乙에서 酉는 절지이고 나 辛金은 부친에게 절신발동이라 부친 덕이 길지 않다.
- 乙대운은 약한 乙을 보강하니 부친 덕에 왕자처럼 자랐다.
- 未대운은 丑未충으로 金局이 흔들리니 집안이 기울어지기 시작 했다.
- 甲대운은 일간대행인 辛에서 甲은 부친인데 대운지 午가 부친 甲의 死地라 午대운 23살에 부친과 사별했다.
- 午대운은 종살격에 역행하는 운이라 공부하는 데 고생이 많 았다.
- 癸대운은 강한 金氣가 설기되는 좋은 운이라 대기업에 들어 갔다.
- 巳대운은 火金의 교쟁이 있고 종살격에 역행하는 운이라 직업 상 고충이 많았다. 대운 말에 독일회사로 이직을 했다.
- 壬대운은 강한 金氣가 설기되고 기신인 丙이 제거되니 상무이 사가 되었다.
- 辰대운은 辰戌충으로 金局이 무너져 실직하고 오랜 세월 놀고 있다.
- 卯대운은 왕신충극이라 희귀병에 시달리고 있다.

己辛庚丙　　　癸甲乙丙丁戊己
丑酉子戌 여자　巳午未申酉戌亥 대운

- 癸대운은 월지 子에서 투출된 癸라 힘이 있다. 남편인 약한 丙을 극하고 대운지 巳는 남편 丙의 뿌리인데 巳酉丑 金局으로 사라진다. 남편이 위암으로 별세했다.

己辛乙癸　　　庚己戊丁丙
亥酉丑卯 여자　午巳辰卯寅 대운

- 丁대운은 신약한 일간에게 해로운 운이라 집안이 몰락하고 중학교를 중퇴했다.
- 卯대운은 卯가 부친성인데 운에서 들어온 卯가 酉에 부딪혀서 부친과 사별했다. 卯는 구불구불하니 장인데 소장 수술을 두 번이나 했다.
- 辰대운은 운에서 들어오는 辰이 모친인데 일지 酉와 합하면 辰이 사라진다. 辰중 戊土에서 보면 酉가 死地이다. 모친이 간암으로 돌아가셨다.
- 巳대운은 운에서 들어오는 巳가 남편인데 巳酉丑 金局으로 사라진다. 남편 巳가 비견과 합을 하니 남편에게 여자가 생겨서 불화 끝에 별거에 들어갔다. 巳는 사주 중에 없는 글자다. 이렇게 주중에 없는 글자가 운에서 들어오면 客神(지나가는 나그네 신)이라 하여 느닷없이 생기는 일이다.

$$58\ 48\ 38\ 28\ 18\ 8$$

辛 庚 己 戊 乙　　甲 癸 壬 辛 庚

巳 子 未 子 남자　　丑 子 亥 戌 酉 申 대운

- 신강하고 土多埋金이라 부모덕이 적고 공부에도 지장이 있었다. 子가 용신이다. 가상관격이다.
- 庚申 辛酉 대운은 신강한 사주를 더욱 신강하게 하는 비겁운이라 가난하게 자랐다.
- 壬대운이 오자 용신운이라 방송국에 취업이 되었다. 공고 출신이고 통신업무를 맡았다. 설기가 되는 운이라 연애결혼도 했다.
- 戌대운은 戌未刑으로 형출된 未중 乙은 부친과 처 그리고 돈이다. 부친의 질병으로 빚이 지고 아내와는 불화가 생기고 부친과는 사별했다.
- 癸亥 甲子 乙대운은 용신운이거나 기신인 己를 乙이 쳐주는 운이라서 한전으로 옮기고 승진도 여러 차례 있었다. 평탄하고 행복한 세월이었다.
- 丑대운은 子丑合으로 용신이 묶이니 실직하고 질병이 왔으나 남은 子가 분발하여 공인중개사 시험에 합격하여 사무실을 차렸다.

丁 戊 丁 庚　　　庚

巳 申 亥 申　남자　寅

- 신약하니 丁巳가 용신이나 巳申刑合된 것이 흠이다. 巳申합이 풀리는 운이 좋다.
- 寅대운에 寅申충으로 巳申刑合이 풀려 사록이 살아나니 사법고시에 합격했다. 그런데 부친이 급사하셨다. 亥가 부친인데 寅亥合破가 되어 亥가 사라진다.
- 사주원국에서 巳亥충을 申이 말리고 있는데 寅申충하여 申이 순간에 주춤하며 巳亥충을 말리지 못해서 巳亥충이 일어나 부친이 별세했다고도 볼 수 있다.

甲 庚 丁 乙　　　癸

申 寅 亥 未　여자　巳 대운

- 丁이 남편이고 일지 寅은 남편의 死地이다. 해로할 수 없는 조짐이 있다.
- 癸대운은 남편인 丁을 癸가 극하니 사별운이다. 물이 불을 끄면 심혈관이나 뇌혈관 등의 질병이 오니 뇌혈관 계통의 病으로 별세했다.
- 대운지 巳는 寅巳申 삼형살을 일으키고 巳亥충하니 천간의 丁

도 흔들려 대운 간 癸가 극한 것이다. 癸는 사주에 없는 글자라 객신인데 느닷없이 일어나는 일들이다.

• 癸는 자식이고 천간에 투출되니 두각을 나타내는 형상이라 자식은 사법고시에 합격했다.

33

丁 癸 戊 丁　　　甲
巳 酉 申 酉　남자　辰 대운

• 巳가 아내이고 戊는 아내의 표출신이자 일간의 합신이니 戊가 처도 되고 자식도 된다.
• 甲대운은 甲이 戊를 치니 戊癸의 합이 풀려서 처가 자식을 데리고 미국으로 도망을 가는 바람에 이혼했다.

19

壬 戊 乙 甲　　　丁
戌 申 亥 子　남자　丑 대운

• 戌 중의 丁이 모친인데 入庫되어 있어 모친과의 인연이 좋지 못하다.
• 丑대운 己丑년에 거듭된 丑戌刑으로 형출된 모친 丁이 시간의 壬에게 合去 당하니 모친이 뇌출혈로 급사하셨다. 물이 불을

끄면 심혈관이나 뇌혈관이 손상된다.

- 己丑년에는 하사관도 그만두었다.

33

丙 丁 甲 丙 　　 戊
午 巳 午 午 　남자　 戌 대운

- 炎上격과 從旺격을 겸하고 있어 財官이 기신이다. 직장 생활은 짧고 사업을 한다.
- 戌대운은 旺神入庫하니 질병이 생기고 보증을 잘못 서서 구치소에 수감이 되었다. 강한 글자를 입고시키는 운이 오면 어딘가에 갇히는 형국이라 입원하거나 교도소에 가는 경우가 많다.

39 29 19 9

庚 丙 己 乙 　　 癸 壬 辛 庚
巳 寅 丑 巳 　여자　 巳 辰 卯 寅 대운

- 火土傷官用印格이다. 사주에 태풍이 많아 순탄한 인생 여정은 아니다. 연월주에 4급, 월시주에 1급.
- 丑 중의 癸가 남편이다. 합신인 辛도 있으니까. 자식인 己丑 속에 있기도 하니까.
- 巳대운은 寅巳형살로 갈등이나 정리등의 운이고 巳가 건록이라

새로운 삶을 추구한다. 己丑년에 또다시 庚子와 己丑이 1급, 己
丑과 乙巳가 4급 태풍을 일으키니 모두 4개의 소용돌이가 돈다.
- 己丑년이 상관년이기도 해서 시비와 갈등 끝에 이혼했다.

28 18 8

乙 乙 甲 丙　　　辛 壬 癸
酉 巳 午 寅 여자　卯 辰 巳 대운

- 寅午 반삼합으로 寅은 타서 사라지고 甲도 불 위에서 타고 乙들
  은 무근하니 종해야 한다. 가장 강한 것이 불이라 火로 종하는
  종아격이다.
- 丙은 일지에서 올라간 나의 표출신이기도 하고 세력이 강하니
  丙으로 일간을 대행한다. 火体局이다.
- 丙에서 보면 甲寅이 모친인데 타고 있어서 약하다. 己丑년은 약
  한 甲木이 강한 己丑에 合去되는 운이라 모친이 뇌출혈로 별세
  하셨다.

29

辛 戊 癸 庚　　　庚
酉 申 未 申 여자　辰 대운

- 庚寅년에 두 번의 寅申충으로 왕신을 충극했다. 官과 食傷이 부

딪히니 관재구설이고 寅申이 역마의 충이라 차사고를 내고 뺑소
니를 쳤다가 구속되고 벌금까지 냈다.

26

己 壬 丁 庚 　　 甲

酉 寅 亥 申　여자 　申 대운

- 寅 중의 丙이 부친인데 寅亥合으로 丙의 기운이 약해진다. 丙에
  서 보면 亥가 절지이기 때문이다.
- 부친은 무능력하시고 하는 일마다 되는 일이 없다가 甲대운에
  갑자기 활짝 피었다가 급사하셨다.
- 甲대운의 甲은 부친이 있던 丙에서 올라와서 부친과 같은 기운
  인데 운에서 부친의 투출신이 솟으니 갑자기 잘 풀렸는데 연간
  의 庚이 甲을 쳐버린 것이다. 대운지 申도 寅申충을 일으킨다.
- 이런 감명을 했더니 이 젊은 여성이 팔을 쓰다듬으며 소름이
  돋는다고 했다. 그러더니 두 번 다시 오지 않았다.

33

癸 戊 丁 己 　　 辛

丑 申 卯 亥　여자 　未 대운

- 卯가 남편이지만 천간합신인 癸도 남편으로 참고해서 감명해야

한다.

- 未대운에 丑未충하니 癸도 흔들려 戊癸합이 깨어져 41살에 이혼했다. 천간과 지지는 한몸이다.

壬 甲 甲 戊   庚
申 寅 子 申　여자　申 대운

- 寅 중의 丙이 자식인데 寅申충으로 申 중의 壬水가 寅 중의 丙火를 끄고 있다.
- 申대운은 상충살이 거듭되어 어린 아들이 추락사했다. 이 여성이 부부싸움을 격하게 하는 동안 공포에 질린 어린아이가 아파트 베란다 쪽으로 피했다가 추락했다.
- 이혼은 하지 않았고 아직도 열심히 싸우고 있다고 한다.

54

癸 丙 庚 庚   甲
巳 子 辰 子　여자　戌 대운

- 운에서 들어온 甲대운의 甲이 머리나 간인데 庚庚에 부딪히니 뇌에서 작은 혹이 두 개 발견되었다. 그 혹을 없앤다고 대학병원의 의사가 스테로이드가 고용량으로 처방된 약을 여러 달이나 먹게 했다.
- 혹은 없어지지 않고 양쪽 고관절에 무혈성 괴사가 와서 두 다

리를 차례로 수술했다. 木은 팔다리를 의미하기도 한다. 나뭇가지니까 인체에서는 팔다리인 것이다.

- 의사는 "미안해요." 단 한마디만 했을 뿐이다. 이렇게 무책임한 의사가 또 있을까?
- 甲은 사주 속에 없는 글자라 지나가는 객신이라 느닷없이 벌어진 일이다.

                    52 42 32 22 12 2
甲 乙 乙 癸   己 庚 辛 壬 癸 甲
申 卯 卯 卯 남자   酉 戌 亥 子 丑 寅 대운

- 종왕격이고 申이 기신이다. 재관이 기신이다. 배우자성이 없으니 합신으로 찾아야 한다. 일지의 乙과 합하는 申 중의 庚이 아니다.
- 申은 종왕격 사주에는 기신이라 해로하지 못하고 재혼했다.
- 강한 木을 설기하고자 하는 욕구도 강하고 신강사주에 귀문살이 있으니 10대 때부터 성에 눈떴다. 丑대운이 기신운이고 丑이 여자이고 늦겨울의 여자라 연상의 유부녀와 놀아나다가 17살에 학교에서 퇴학을 당했다.
- 후처 말고도 애인이 있는데 24세 연하의 중국 처녀.
- 酉대운은 왕신충극이 심해서 관재구설이 생겨서 한국에 오면 공항에서 바로 체포되기 때문에 중국에서 힘들게 살아가고 있다.

$$\begin{array}{cccc} & 39 & 29 & 19 & 9 \end{array}$$

庚 庚 癸 己　丁 丙 乙 甲

辰 寅 酉 酉　丑 子 亥 戌 대운

- 양인격 사주에 신강하니 설기자 癸가 용신이다. 寅도 희신이다 직업은 은행원이다.
- 亥대운은 일지와 六合하는 운이고 자식이 생기는 식신운이라 亥 절지를 만나 氣가 끊어진다. 亥대운 28살에 남편과 사별했다. 사주원국에 丙火가 酉酉 두 개의 死地를 보고있고 寅酉 겁살도 이중으로 들어 있다.
- 丁대운은 정관운이라 명예욕이 생긴다. 시간의 庚 즉 경쟁자를 물리치고 승진하고자 하는 욕구가 강해지나 丁대운은 월간 癸의 극을 받으니 뜻을 이루지 못했다.

$$22$$

癸 丙 丙 乙　　癸

巳 戌 戌 丑 남자　未

- 巳 중 庚이 부친이고 부친의 표출신이 丙인데 癸가 노리고 있다.
- 癸대운에 부친이 급사하셨다. 癸未 백호가 丙戌 백호의 기둥을 쳤기 때문이다.

甲 癸 庚 丁　　丁

子 亥 戌 未　남자　未 대운

- 戌 중의 丁이 아내다. 자식 속에 있으니까.
- 戌未형살이 있어 자식 애로가 있다. 자식궁인 時上에 상관이 노리고 있다.
- 未대운은 戌未형이 또 일어나니 허공에 형출된 戊己를 甲이 극한다. 차녀가 부상으로 인해 장애아가 되었다.

31

辛 癸 辛 癸　　丁

酉 卯 酉 亥　남자　巳

- 卯酉충이 두 개나 있다. 상충살이 두 개라서 다혈질이다. 한 가지에 집중이 안 된다. 辛酉는 모친이고 酉중의 庚과 합하는 卯중의 乙이 부친인데 상충살이 심해서 부모가 이혼을 하셨다. 배우자성이 없으니 합신으로 찾으면 일지의 卯중 乙과 합하는 酉 중의 庚이 아내다. 역시 상충살이 붙었으니 불화가 극심하고 이혼 운운한다.
- 丁대운은 편재라 배우자성인데 운에서 들어오는 丁을 癸癸가 극하니 느닷없이 불화가 심해졌다. 丁은 사주 속에 없어 지나가는 객신이다.

$$55 \quad 45 \quad 35 \quad 25 \quad 15 \quad 5$$

丁 辛 壬 丁 戊 　　丁 丙 乙 甲 癸

酉 酉 寅 酉 여자 　 申 未 午 巳 辰 卯 대운

- 辰대운은 운에서 들어온 辰이 모친인데 辰酉합으로 辰이 사라진다. 모친의 질병이 있었다. 寅 중의 戊가 모친이다.

- 丙대운은 丙이 寅에서 올라오니 寅중에 있는 戊丙甲은 모두 모친의 기운이다. 丙대운은 모친의 투출신인데 辛酉에 合死되니 모친이 돌아가셨다.

- 乙巳 丙午 丁未 戊대운까지 교사로서 순탄하게 살았고 남편이 1억으로 시작한 주식이 80억까지 불어났다. 火대운은 군비쟁재를 막았기 때문이다.

- 申대운은 申이 사주에 없는 객신이다. 느닷없이 남편이 암에 걸려 세상을 뜨고 말았다. 寅申충으로 남편이 주식으로 70억 정도의 손실을 보고 발병한 것 같다. 평생을 돈에 집착하여 살았는데 그게 다 무슨 소용이란 말인가.

- 寅 중의 丙이 남편인데 申의 극을 받아 장생지가 깨졌기 때문이다. 丙에서는 寅이 장생지다.

- 건록이 셋이니 몸이 셋인 형상이라 세 집의 살림에 신경을 써야 한다. 본인 가정, 친정 부친, 단명한 오빠네 집 살림까지. 건록은 또 하나의 내 몸이다.

35

丙 壬 甲 庚　　　戊
午 辰 申 寅 남자　子 대운

- 신왕하니 丙午가 용신이나 헛불이다. 丙午를 생조할 甲寅木은 다 부서지고 午는 辰에 심하게 설기된다.
- 戊대운은 편관칠살운이라 일간을 극하고 대운지 子는 午를 극하는 중 癸酉년을 만나 癸는 丙을 극하고 酉는 용신인 丙의 死地이다.
- 水가 火를 극하니 추락사했다. 子대운 44살에 별세했다.

壬 辛 辛 戊
辰 丑 酉 申 남자

- 戊寅년, 己卯년에 운에서 들어와서 깨지는 寅卯가 돈이니 지출과 손재가 컸고 寅卯가 배우자성이니 부부불화가 잦았다.
- 寅卯는 木이라 간 계통인데 간이 많이 나빠졌다.
- 종왕격과 종혁격을 겸하고 있다. 설기가 필요하니 壬水가 용신이다.

```
庚 辛 辛 戌        丁
寅 亥 酉 戌  여자   巳  대운
```

- 丁대운은 편관칠살운이니 골치 아픔이나 우환 등이 생긴다. 대운지 巳는 용신이자 자식인 亥를 친다.
- 戊寅년에 寅亥合破로 亥가 사라지니 딸자식이 속을 많이 썩였다.

19 9

```
丙 戌 己 壬        辛 庚
辰 戌 酉 戌  남자   亥 戌  대운
```

- 土金傷官用傷官格이라 자유로운 영혼이다. 반골 기질이 강하다. 신강하니 고집도 아주 세다. 土多가 病이니 질이 나쁜 친구들만 들어온다.
- 戌대운은 辰戌충이 일어나 정서가 불안정하고 반항이 심하며 친구들과 함께 가출했다.

42

乙 丁 戊 乙　　　癸
巳 卯 子 未　여자　巳 대운

- 癸대운의 癸는 남편 子에서 올라온 남편의 투출신인데 월간의 戊와 합하니 남편이 바람이 났다. 대세운에서 편관이 드는 운에는 우환, 골치 아픔, 사고, 질병, 남자로 인한 애로 등이다.

　　　　　64 54 44 34 24 14 4
庚 辛 甲 乙　　　辛 庚 己 戊 丁 丙 乙
寅 酉 申 未　여자　卯 寅 丑 子 亥 戌 酉 대운

- 음일간은 정재 甲이 부친이다. 연월주에 1급 태풍이 있고 甲이 절지에 앉고 庚이 절신발동이라 부친과의 인연이 나쁘다.
- 酉대운은 부친의 뿌리인 寅을 겁살하고 庚겁재가 더 강해지니 부친이 바람이 나서 처자식을 다 버리고 가출하여 이복형제들을 낳았다. 시주에 정재와 겁재가 같은 기둥에 있으면 배다른 형제가 생기는 수가 많다.
- 丙대운은 경쟁자인 시간의 庚을 억제하니 진학 운이 좋고 일류라는 중고교에 진학했다.
- 戌대운은 인수성이 신강한 사주를 더욱 신강하게 하니 진로 장애가 생기고 재수를 해서 간신히 대학에 진학했다. 庚 형제가 寅 절지에 앉고 절신발동한 것이 甲이다. 발동하면 더 확실해진다.

- 戌대운 甲寅년에 오빠가 교통사고로 객사했다. 甲寅년의 甲은 절신발동이 겹쳐졌고 寅은 형제성인 申을 상충했기 때문이다.
- 丁대운은 겁재를 억제하여 무난하게 졸업하고 시골의 사립고교에 취업이 되었다.
- 亥대운은 남편이 들어 있는 寅과 합을 하고 亥 자식이 생기는 운이라 결혼하여 아들을 낳았다. 남편성이 약하고 辛酉일주라 오랫동안 직업상 별거를 했다. 십여 년이 넘도록. 한때는 이혼 운운했는데 떨어져 사는 바람에 액땜을 한 것 같다. 남편은 능력이 있는 사람인데도 결혼 후 풀리지 않고 오랜 세월을 반백수로 지냈다.
- 己丑대운은 편인이 기신 작용을 하고 丑이 왕신인 金을 입고시켜 모친이 암으로 고생하시다가 별세했다.

23 13 3

庚 甲 戌 庚	여자	乙 丙 丁	대운
午 子 寅 戌		亥 子 丑	

- 子午충이 있어 午火가 약하다. 午는 상관이고 여자에게 식상은 자궁이나 유방 그리고 갑상선 계통이다.
- 子대운은 子午충이 겹쳐 처녀인데도 자궁 수술이 있었다.
- 丑대운은 丑戌刑으로 아버지 戌과 어머니 子와의 암합이 깨져 부모가 이혼을 하셨다.

```
                    47  37
辛 乙 丙 壬          辛  庚
巳 未 午 寅  여자     亥  戌  대운
```

- 월주와 일주 사이에 1급 태풍이 있다. 戌대운에 왕신인 火가 入
  庫하니 불길한 운이다.
- 자기가 몰던 차를 약간 경사진 곳에 주차시키고 나오는데 차가
  스르르 미끄러지니 당황해서 몸으로 막으려다 큰 부상을 당했
  다. 특히 얼굴을 심하게 다쳐 수차 성형하는 수술을 받으며 고
  생이 많았다. 入庫한다는 것은 어딘가에 갇힌다는 것이니 입원
  이나 감방 가는 일들이 있다.


```
                    9
戊 甲 甲 乙          乙
辰 辰 申 未  여자     酉  대운
```

- 戊 하나에 甲甲乙이니 군비쟁재다. 타인으로 인한 금전 손실이
  있는 사주유형이지만 자기 자신도 도둑의 심보와 같아지니 탐
  심이나 투기성이 많다.
- 어린 시절 乙대운은 더욱 군비쟁재가 심해져 도벽이 있었다. 酉
  대운은 정관운이라 도둑을 쫓아내는 운이니 나쁜 습관이 없어
  졌다.

0 乙 乙 己
0 巳 亥 亥 여자   戊寅년

- 비겁이 많다. 후처인데 이 여성이 네 번째 부인이다.
- 巳亥충이 심해 자식 애로가 있을 명조다. 戊寅년에 충중봉합이 일어나(寅亥로 합하니 질투난 巳가 亥를 충한다) 자식인 巳가 더욱 극을 받는다. 중학생인 딸이 투신자살을 했다. 그로 인해 이 여성도 뇌혈관에 질병이 생겨 뇌수술을 받았다.
- 巳 중 庚이 남편인데 巳亥충으로 직업상 오래 별거하고 있다. 남편은 선원이다.

乙 丁 丙 丁
巳 丑 午 亥 여자   戊寅년

- 亥가 남편이다. 戊寅년에 寅亥합파가 되어 亥가 사라지니 남편이 질병으로 장기 입원을 했다. 옛날 같으면 죽을 운이다.

34

甲 甲 壬 丁   丙
戌 子 子 未 여자   辰 대운

- 戌 중의 辛이 남편이다. 辰대운에 辰戌충으로 부부불화나 지출

손재가 예상된다.

• 辰대운 庚辰년에 庚은 편관이니 남편으로 인한 우환이 생겨 지출과 손재가 있었다.

52 42

己 癸 辛 戊   乙 丙

未 卯 酉 子 여자 卯 辰 대운

• 卯酉충이 있어 자식 애로가 크다. 辰대운에 충중봉합으로 卯酉충이 유발되어 아들이 신장이식 수술을 받았다. 그로 인해 이 여성이 3년간 휴직했다.

• 癸에서는 卯가 식신이고 문창성이며 子건록도 있어 초등교사다. 시주에 편관칠살이 딱 붙어있으니 중년부터 이 여성도 몸이 부실해진다.

• 또다시 卯酉충이 일어나는 卯대운에 명퇴를 했다. 퇴직하자 바로 병명 미상의 병에 걸려 계단을 기어서 올라올 정도로 나빠졌다. 병명을 모르니 치료도 난감했다.

• 소식이 끊어져 별세한 줄 알았는데 몇 년 후 범어사에서 우연히 만났다. 아주 건강해 보였다. 이유를 물어보니 범어사 바로 밑에 있는 山에 있는 아파트로 이사를 하고 매일 산에 올라갔더니 다 나았다는 것이다. 山이 주는 신비한 힘이다. '나는 자연인이다'라는 방송에서도 암환자들이 山에서 살면서 나았다는 이야기가 종종 나온다.

31

甲 丁 甲 辛　　　戊
辰 酉 午 丑　여자　戌 대운

- 남편성이 뚜렷하지 않으니 일지와 육합하는 辰이 남편이다. 戌 대운에 辰戌충하니 남편 바람으로 풍파가 일어났다.
- 己卯년에는 卯酉충으로 辰酉의 합이 깨어져 이혼을 하려고 한다.

58

己 壬 癸 丁　　　己
酉 午 卯 酉　여자　酉 대운

- 卯酉충으로 자식인 卯가 손상되어 있는데 酉대운 乙酉년을 맞 아 대세운의 酉가 卯를 공격하니 딸이 교통사고로 죽었다.
- 사주원국에서 손상된 글자는 운에서 치면 쉽게 파극당한다.

36

己 辛 丁 戊　　　癸
亥 丑 巳 戌　여자　丑 대운

- 戊寅년은 운에서 들어온 객신 寅이 寅巳형살을 받고 戌과 반삼 합으로 탄다. 寅은 친정 부친이신데 질병으로 돌아가셨다. 寅은

돈이기도 한데 재산 손실이 있었다. 모두 느닷없이 일어난 일들이다.

己 辛 壬 壬   丁
亥 巳 寅 辰 여자   酉 대운

- 남편인 巳가 형충살로 매우 약하다.
- 酉대운은 운에서 들어온 객신 酉와 巳酉 반삼합으로 巳의 氣를 마저 사라지게 한다. 남편과 사별했다. 세운인 戊寅년도 寅巳刑殺이니 巳가 버틸 수가 없다. 戊寅년에 이 여성도 교통사고를 당했다. 刑沖殺이 겹쳤기 때문이다.
- 남편인 巳가 刑沖殺에 싸여 있으니 남편이 바람둥이고 교도소에도 들랑거렸다. 부부궁이 워낙 약하다.

癸 辛 丙 甲   癸
巳 亥 寅 辰 여자   亥 대운

- 丙은 남편이고 丙辛의 합을 깨려고 癸가 노리고 있다.
- 사주에 태풍이 많아 순탄치 않은 인생 여정인생 여정이다.
- 연월주에 2급, 연시주에 1급, 월시주에 3급.
- 癸대운은 丙이 극을 받는 중 丁丑년을 만나 丁이 辛을 극해서 丙申의 합이 깨진다. 대운지 亥는 남편의 뿌리인 巳를 충한다.

- 丁丑년의 丑은 巳丑 半金局으로 巳를 더욱 약화시키니 남편이 교통사고로 사망했다.

1) 위 여성의 남편

<pre>
                40
  0 丙 癸 丁   丁
  0 午 卯 酉 남자   未 대운
</pre>

- 신강하니 酉가 용신인데 卯酉충으로 용신수상이다. 불길하다.
- 丁丑년에 丑이 용신 酉를 입고시켜서 교통사고사했다.

<pre>
                48 38
  癸 癸 己 庚   甲 癸
  亥 丑 丑 寅 남자   午 巳 대운
</pre>

- 水旺之節이고 亥丑 半三合이 있어 신강하니 용신은 설기자 寅이다. 寒濕한 사주라 무좀과 습진이 온몸에 있고 한습하니 불이 필요해서 술과 담배를 즐긴다. 간이 나쁘다.
- 巳대운은 운에서 들어오는 객신 巳가 巳亥沖과 巳丑 반삼합으로 깨지니 돈이나 여자로 인한 문제가 생긴다. 바람을 피우다가 망신을 당하고 부부불화는 극심하고 돈도 날아갔다.

庚 丁 庚 丙

子 未 子 午 남자　丁丑년

- 庚 정재가 無根하고 丙午와 天沖地沖하니 해로하기 힘든 사주
다. 丁丑년에 丁이 午에서 투출되니 子午충이 일어나고 丁이 약
한 金을 극하고 丑未沖으로 부부궁이 흔들리니 이혼했다.

30 20

壬 壬 壬 辛　　乙 甲

子 戌 辰 亥 여자　未 午 대운

- 신강하니 戌이 용신이고 남편이며 財庫다. 庚辰년은 辰戌충하니
부부불화가 일어나고 戌 중의 丁이 충출되어 군비쟁재운이다.
- 辛巳년은 운에서 들어온 객신 巳가 돈인데 巳亥충으로 깨지니
돈으로 인한 말썽이 생겼고 손해를 보았다.
- 亥비견이 시아버지인데 巳亥충으로 시아버지의 질병이 심했다.

63 53

己 丙 戊 乙　　乙 甲

亥 寅 寅 酉 여자　酉 申 대운

- 亥가 남편성이고 일지와 합하여 사라진다. 일시에서 寅亥合破

되어 중년부터 나타나기 시작한다.

- 寅亥의 합이 깨지는 申대운에 황혼이혼했다가 재결합했는데 남편이 우울증으로 목매어 죽었다.

				41	31	21	11	1	
辛	乙	甲	丁		己	戊	丁	丙	乙
巳	亥	辰	酉	여자	酉	申	未	午	巳 대운

- 일지에서 甲 겁재가 투간되니 탐욕이 많다. 甲은 나의 표출신이기도 하다.
- 戊己대운에는 운에서 재성이 들어와 돈 욕심이 난다. 그러나 戊는 甲에 극되고 己는 甲이 合去하니 큰 손실만 있었다.
- 사주원국의 재성이 아주 약하다. 辰 정재는 辰酉合으로 사라지고 巳 중의 戊土는 亥 중 甲에게 극된다.

36

癸	己	辛	辛		乙
酉	酉	卯	丑	여자	未 대운

- 남편은 卯인데 상충살이 심하다. 金多가 병이다. 生子別夫 사주다.
- 乙대운은 乙이 남편인 卯에서 올라온 남편의 투출신인데 辛辛

의 극을 받고 있다. 己卯년에 卯酉충이 또 들어와 이혼 운운하며 불화가 극심하다. 卯가 깨지니 남편의 직업 애로도 있고 질병도 있었다.

재성과 금전운

```
癸 癸 辛 丙        丙 丁 戊 己 庚
亥 巳 卯 申 여자   戌 亥 子 丑 寅 대운
```

- 재성으로만 금전운을 논하자면 이 여성의 금전운을 좋다고 할 수 있을까? 재성이 다 깨어지고 없다. 丙은 丙辛합으로 사라지고 지지의 巳는 상충살로 깨졌다.
- 戊子 丁亥 丙대운에 많은 돈을 벌었다. 왜? 이 사주는 종왕격이며 용신은 왕한 水를 설기시키는 卯이다. 따라서 위의 대운들은 용신인 卯를 생하기 때문이다.
- 戌대운에는 용신인 卯를 입묘시키고 종왕격에 역행하는 土운이라서 사업이 기울고 남편이 암에 걸려서 베트남의 공장을 접게 되었다. 당연히 손재가 컸다.

역의 향기 종합편

甲癸己壬　　　癸甲乙丙丁戊
子丑酉戌 여자　卯辰巳午未申 대운

- 酉丑 金局으로 일간을 생조하고 子도 있고 壬도 있으니 신강하고 용신은 설기자 甲이다. 戊土는 멀고 半金局으로 약해져서 용신이 아니다. 丑도 半金局으로 약해져서 土는 용신이 아니다.
- 백호일주에 子 건록과 상관이 용신이라 교육업 쪽으로 대단히 두뇌가 명석하다. 사교육에 뛰어들어 학원을 운영했다. 그 대운이 財대운이고 용신이 할 일이 생겼기 때문이다.
- 財만 가지고 재물 운을 논하지 말아야 한다.
  - 용신이 강해지는 운
  - 용신이 할 일이 생기는 운
  - 財가 희신으로 작용할 때
  - 食傷生財가 잘 이루어질 때 등
- 돈이 삶의 목표는 아니다. 집착은 모든 번뇌의 근원이라고 부처님께서 말씀하셨다.

　　　　　　　55 45 35 25 15　5
辛戊癸壬　　　丁戊己庚辛壬
酉午卯寅 여자　酉戌亥子丑寅 대운

- 초심자들은 재성만 가지고 재물 운을 논하지만 재성이 약해도 용신이 강해지는 운이나 용신이 할 일이 생기는 운 등에는 발

복할 수 있다.

- 亥대운까지는 부산에 아파트 한 채만 지니고 있었지만 戊戌 丁 대운에 신약한 일간이 힘을 얻고 용신운이라 서울과 부산에 건물이 한 채씩으로 재물이 불었다. 亥대운은 午용신이 약해지고 일간 戊의 절지라서 갑상선암 수술을 받았다.

丁 戊 癸 丁　　丁 戊 己 庚 辛 壬
巳 午 丑 亥 남자　未 午 巳 辰 卯 寅

- 신강하고 財도 강하니 부자 사주의 요건을 갖추었으나 食傷이 주중에 없어 큰 부자는 아니다. 즉 식상생재가 제대로 되지 않는다는 것이다.
- 金대운마다 돈을 많이 벌었으나 未대운에 丑未충으로 水局이 무너져 큰돈을 날리고 암까지 걸렸다. 모든 활동을 접었다. 평생 바람이 심했다. 신강한 사주라 설기가 필요하고 신강한 사주에 귀문살까지 있으니 색광이다.

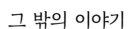

그 밖의 이야기

상담하는 도중에 어김없이 들어오는 질문이 있다.

"제가 언제 큰 부자가 되겠습니까?"
"큰 부자가 되기 위해서 어떤 노력을 하고 계십니까?"
"……."
"그 많은 돈을 어디에 쓰시려고요?"
"……."

목표도 없고 계획도 없는 막연한 희망을 갖는 것보다 천만 원씩이라도 차곡차곡 모으는 것이 부자로 가는 지름길이 아닐까?

사주에 돈이 많다는 말을 듣고 싶어 하고 은연중에 강요하는 분들도 많다.

"사주에 큰돈은 없으나 넉넉하게 살 수 있으니 성실하게 사십시오."라고 말하면 두 번 다시 방문하지 않는다.

그렇지만 어찌 양심을 속이고 달콤한 거짓말을 할 수 있는가? 어쩌면 그런 터무니없는 말 때문에 인생이 헝클어질 수도 있는데 대중적인 인기는 없더라도 역술인으로서의 양심은 지키고 싶다.

지인 중에 키가 크고 잘생긴 남학생이 있었다. 사주를 보러 가니 역술인이 하는 말이 "당신 사주는 경남에서 두 번째로 좋은 사주요."라고 했단다. 그 말을 믿고 철밥통 같은 교직을 던지고 서울에 올라가서 국회의원 보좌관을 하다가 자기도 출마한다고 선거에 참여했다가 사전 선거운동으로 구속이 되어 출마도 못 하고 직업도 없어지고 평생을 반백수처럼 보냈다.

사주가 일등이니 이등이니 하는 말도 웃기지만 막연한 그 말을 믿고 인생을 허비했으니 안타깝다. 착실하게 살았다면 교장이라도 되었을 텐데….

상담 받을 때 달콤한 말만 들으려 하지 않고 오히려 쓴소리해 주는 걸 새겨듣는 것이 좋지 않나 싶네요.

그 여인의 사는 방법

십칠 년 전 늦은 오후에 나이가 지긋한 부인이 와서 네 식구의 사주를 본다고 했다. 한 시간 넘게 사주를 다 보고 나니 하는 말이 지금 자기들의 상황이 너무 안 좋아서 집단 자살을 생각하고 있어서 상담료를 낼 수 없다고 아주 당당하게 말했다.

자살할 사람이면 사주는 왜 보겠는가? 그냥 죽지. 상대하기 싫어서 아무 말 안 하고 보냈다. 한두 번 해본 솜씨가 아닌 것 같았다. 잔머리를 잘 굴리니 자살은 안 하겠다 싶어 오히려 마음이 놓였다. 저런 마음가짐으로 살아왔으니 풀리지 않는 것이다.

어이없는 역술인

이십이~삼 년 전 막 퇴직하고 부산 서면 롯데 백화점 옆에 사무실을 내었다.

스위스에 한 이십 년간 살면서 직장 생활을 하던 남성이 화장품 무역업을 겸업으로 해서 한 해 동안 28억을 벌었다. 부산에 그 남성의 절친이 있어서 한국에 나오면 그 친구랑 상담하러 오곤 했었다.

어느날 부산의 그 친구가 스위스에 사는 그 남성의 부인과 함께 상담을 하러 왔다. 한국에 나온 김에 부산까지 날 만나러 왔다는 것이다. 자기가 이 모 씨의 부인이라고 했다.

사주를 뽑은 후 내가 말했다. "부부불화가 심하시네요." 옆에 앉은 이 모 씨의 친구가 얼른 말했다. "아닌데에." 개의치 않고 계속 말했다. 나는 내 소신대로 말하지 눈치를 보며 감명하지는 않는다. "폭행도 있네요. 이혼 운운 하면서."

부산 친구가 "아, 아입니더." 그러자 그 부인이 이렇게 말했다.

"선생님 맞습니다. 골프채로 때립니다. 이혼해 달라고." 부산의 친구가 놀라서 친구 부인을 쳐다봤다.

자기 남편이 스위스 법원에 이혼소송을 냈다고 한다. 말없이 주역인 육효를 뽑았다. 水風井 괘가 나왔다. 우물 안에서 두레박이 오르내려도 여전히 그 안이라는 뜻이니 도로아미타불이라는 뜻이다.

"이혼이 안 됩니다."

"아, 아니에요. 스위스는 한국과 법이 달라요. 그 사람이 한국법원에 이혼소송을 내지 않고 스위스 법원에 낸 것은 거기가 이혼이 쉽기 때문이에요."

"어쨌든 이혼은 안 됩니다."

"남편분이 지금 여자가 생겼네요."

"예 맞습니다. 갑자기 없던 돈이 생기니까 제일 먼저 서초동의 마담하고 살림을 차렸어요. 이혼 판결은 일주일 후에 납니다."

일주일 후 스위스에서 전화가 왔다. "선생님 너무나 신기해요. 스위스 법원에 갔더니 판사의 말이 '스위스에도 이혼율이 자꾸 높아져서 법이 어제 바뀌었다. 꼭 이혼을 하려면 4년간 별거한 후 그 증명서를 가지고 오면 이혼을 허락하겠다.'라고 했어요. 그런데 화가 난다고 법원 마당에서도 때렸어요."

그 이 모 씨도 한국에 들락거리며 부산까지 와서 몇 번 상담을 했는데 서울에서 전국적으로 유명하다는 지 모 씨한테 사주를 보니 본처는 복이 없고 서초동 마담이 복이 많아서 돈을 많이 벌게된 것이니 재수 없는 본처와는 헤어지라고 했단다.

내가 아무리 좋은 말로 타일러도 말을 듣지 않았다. 어찌 그런 식으로 상담을 해서 한 가정을 흔들어 놓는가? 쓰레기 같은 감명이다. 서울의 유명 역술인 두 사람에게서 본 사주감명서를 내보였다. 나는 庚辰년에 돈이 깨질 것이라고 했는데 그 감명서에는 두 장 다 庚辰년에 물고기가 바다로 나가는 형상이고 용이 여의주를 갖는 운이라고 막연하고 뜬구름같은 소리만 적혀 있었다.

내가 강하게 말했다. "서초동 마담과 계속 동거하면 쫄딱 망할 것이고 생명에 위험이 올 것이다." 이 모 씨가 화가 나서 씩씩거리며 노려보았다.

내 말을 믿게 하려고 내가 말했다. "당신은 할머니가 두 분이시고 그중 한 분은 피를 흘리며 돌아가셨어요." 그러자 이 모 씨는 "아닌데요." 하더니 내게 무안을 주려고 즉시 자기 모친에게 전화를 걸었다.

"엄마, 내가 할머니가 두 분이야?" 휴대전화 너머 목소리가 쩌렁쩌렁 울렸다. "그래, 맞아. 그건 어떻게 알았어?"
"내가 왜 할머니가 두 분이야? 그런데 그중에 한 분이 피를 흘리며 돌아가셨어?"
"그래, 맞아. 애 낳다가 그리되셨어."

갑자기 바로 앉았다. 그러면서도 자기 고집만 부리고 있었다.

그 후 서초동 마담이 임신을 했는데 이 남자가 또 다른 여자와 바람을 피웠다. 서초동 마담은 그걸 알고는 충격을 받아 유산이 됐고 서초동 마담이 현관에 들어서는 이 남자에게 칼을 휘둘러서 신발도 제대로 못 신고 공항으로 가서 스위스로 도망갔다. 현관에 불을 끄고 칼을 휘둘렀으니 까딱했으면 죽었을 것이다.

문어발식 투자로 돈을 다 날리고 50억 이상의 빚이 져서 신용불량자가 되어 한국에는 돌아오지 못하게 됐다. 스위스의 직장에서도 잘렸다. 한국에 주로 있으면서 근무를 제대로 안 했으니까.

스위스의 본처는 자궁암 수술을 받은 몸으로 한국 관광객들 상대로 가이드를 해서 모은 돈 1억을 내놓으며 다시 일어서라고 했다고 한다. 본처와 첩의 차이점이 새삼 느껴지고 쓰레기 같은 술객들은 세대교체가 되어야 한다.

망하기 전에 독실한 천주교 신자인 그 부인이 초파일과 성탄절에 고맙다고 그 당시 돈으로 20만 원씩 두 번 보내와서 통도사에 가서 그 부인을 위해 백일기도비를 냈다. 건강하게 잘 살고 있기를 간절히 바란다. 스위스의 전화번호도 가지고 있지만 조심스러워서 전화를 하지 않는다. 神의 가호가 있기를…

역학 입문할 때

　요즘은 고학력자나 학벌이 좋은 사람들이 역학 공부를 하는 경우가 많습니다. 내가 공부를 시작한 오십 년 전에는 먹고살기 위해서 공부를 하는 경우가 많았고 역학을 공부한다고 하면 신기가 있거나 좀 이상한 사람이라고들 생각하고 있었습니다.

　그래서 역학이 심오한 학문이고 조선시대까지도 과거시험에 문관 벼슬이든 무관 벼슬이든 易經이 필수과목이었다는 것이 널리 바르게 인식될 날이 올 것을 갈망했었지요. 한 십 년 전부터 서서히 인식이 좋아지더니 김원씨나 김병연씨 같은 분들이 역학 입문서나 기초편 책들을 많이 내면서 확 붐이 일어나는 것 같아서 너무나 감사한 일이죠.

　김원씨의 책은 『사주 경영학』, 『운의 그릇』, 『돈을 부르는 돈공부』, 『혼자 시작하는 사주명리공부』가 있고　김병연씨의 책은 『내 꼬인 인생을 알려고 하다가 명리에 빠지다』입니다. 두 사람 다 내게서 수강한 분들입니다. 『혼자서 하는 사주명리공부』와 『내 꼬인인생을 알려고 하다가 명리에 빠지다』는 기초편이 아주 잘되어 있는 책입니다.

　그런데 요즘 역학 공부를 너무 안이하게 시작하려는 사람들이 많습니다. 엄청난 사고력을 요하는 공부인데 적당히 하고 써먹으려고 합니다. 심지어 업을 하는 역술인이 만세력으로 사주를 뽑지 못하고 사주팔자가 정해지는 원리도 모르고 가르치는 선생들조차 그냥 앱으로 뽑으라고 하니 가슴이 답답합니다. 물론 대운도 못 뽑

고 六十甲子가 나오는 원리도 모르고 用神格局도 모릅니다. 수강생
들에게 그렇게 가르치는 역술인들이 문제죠.

　전통적인 학문을 체계적으로 배우려 하지 않으니 기초부터 흔들
리는데 어찌 실력이 쌓이겠는가요. 砂上樓閣이죠. 고서도 많이 읽
고 요즘 나온 책들도 많이 읽어야 합니다. 적은 노력으로 요행을
바라서는 안 된다고 생각합니다.

　수강생들이 자주 이런 질문을 합니다.
"선생님은 사주를 보면 바로 척 아시는데 저는 왜 캄캄합니까?"
"공부하신 지 얼마나 됐나요?"
"한 석 달 됩니다."
"난 오십 년 했는데요."
"그럼 저는 얼마나 더 해야 하나요?"
"오십 년 더 하세요."
"……."